Johanna Eierstock

Sprachgebrauch und Prestige des Galicischen in Vigo

Eine soziolinguistische Studie einer Regional- und Minderheitensprache

Diplomica Verlag GmbH

Eierstock, Johanna: Sprachgebrauch und Prestige des Galicischen in Vigo: Eine soziolinguistische Studie einer Regional- und Minderheitensprache. Hamburg, Diplomica Verlag GmbH 2013

Buch-ISBN: 978-3-8428-8885-2
PDF-eBook-ISBN: 978-3-8428-3885-7
Druck/Herstellung: Diplomica® Verlag GmbH, Hamburg, 2013

Bibliografische Information der Deutschen Nationalbibliothek:
Die Deutsche Nationalbibliothek verzeichnet diese Publikation in der Deutschen Nationalbibliografie; detaillierte bibliografische Daten sind im Internet über http://dnb.d-nb.de abrufbar.

Das Werk einschließlich aller seiner Teile ist urheberrechtlich geschützt. Jede Verwertung außerhalb der Grenzen des Urheberrechtsgesetzes ist ohne Zustimmung des Verlages unzulässig und strafbar. Dies gilt insbesondere für Vervielfältigungen, Übersetzungen, Mikroverfilmungen und die Einspeicherung und Bearbeitung in elektronischen Systemen.

Die Wiedergabe von Gebrauchsnamen, Handelsnamen, Warenbezeichnungen usw. in diesem Werk berechtigt auch ohne besondere Kennzeichnung nicht zu der Annahme, dass solche Namen im Sinne der Warenzeichen- und Markenschutz-Gesetzgebung als frei zu betrachten wären und daher von jedermann benutzt werden dürften.

Die Informationen in diesem Werk wurden mit Sorgfalt erarbeitet. Dennoch können Fehler nicht vollständig ausgeschlossen werden und die Diplomica Verlag GmbH, die Autoren oder Übersetzer übernehmen keine juristische Verantwortung oder irgendeine Haftung für evtl. verbliebene fehlerhafte Angaben und deren Folgen.

Alle Rechte vorbehalten

© Diplomica Verlag GmbH
Hermannstal 119k, 22119 Hamburg
http://www.diplomica-verlag.de, Hamburg 2013
Printed in Germany

Resumen

Este estudio lingüístico trata de la lengua gallega y castellana en Vigo y el uso del gallego en relación con el prestigio del idioma y la identidad de los hablantes. Esto se pretende explicar no solo con aspectos históricos y con el estado actual de investigación sino también con una encuesta sociolingüística realizada por medio de internet y por mí misma en el campo de investigación de Vigo. La meta será la verificación o la refutación con causas y explicaciónes probables de la hipótesis que dice que el uso de la lengua gallega en Vigo se diminuye, en cuanto paradojícamente el prestigio del gallego se aumenta. Primero se aclara el camino del gallego desde su origen hasta la actualidad y el desarrollo del uso y del prestigio de la lengua gallega con el paso del tiempo. Finalmente pretendo confirmar y demostrar mi hipótesis y describir el futuro de la lengua gallega con el interés en Vigo como ejemplo de la supervivencia y la preservación de todos los dialectos y lenguas regionales y minoritarias en el mundo de la globalización.

Inhaltsverzeichnis

1 Einleitung 5

2 Die galicische Sprache 7
2.1 Sprachstruktur 7
2.2 Sprachhistorischer Überblick zum Gebrauch und Prestige des Galicischen 8
    2.2.1 Vom Ursprung bis zum Mittelalter 9
    2.2.2 Séculos Escuros 9
    2.2.3 Renaissance des Galicischen: O Rexurdimento bis 1936 10
    2.2.4 Zeit der Franco-Diktatur 11
    2.2.5 Zeit nach Franco bis heute: Sprachpolitische Maßnahmen 12

3 Forschungsstand zum Galicischen und Spanischen in Vigo und Galicien 18
3.1 Zahlen und Fakten 19
3.2 Galicisch als L1 20
3.3 Linguistische Kompetenz 23
3.4 Sprachgebrauch 24

4 Vigo 26
4.1 Geschichte 27
4.2 Kultur 28
4.3 Wirtschaft und Verkehr 28
4.4 Bewohner 29

5	Eigene Datenerhebung	30
5.1	Vorbereitende Überlegungen und Zielsetzung	30
5.2	Aufstellen der Hypothese	31
5.3	Konstruktion des Fragebogens	32
5.4	Datenerfassung	33

6	Datenauswertung und Analyse	35
6.1	Allgemeine Ergebnisse	36
6.1.1	Galicisch als L1	36
6.1.2	Linguistische Kompetenz	39
6.1.3	Zukunft des Galicischen in Vigo und Vigo als galicische Stadt	40
6.2	Diskussion der Hypothese: sinkender Sprachgebrauch und höheres Prestige nach einzelnen soziolinguistischen Parametern	41
6.2.1	Allgemeiner Sprachgebrauch	42
6.2.2	Häufigkeit	48
6.2.3	Mediennutzung	53
6.2.4	Sprachgebrauch in verschiedenen Konversationssituationen	58
6.2.5	Prestige	67

7	Fazit und Ausblick	72

Bibliographie 74

Anhang 78

1 Einleitung

Galicien ist eine der 17 *Comunidades Autónomas* Spaniens, liegt im äußersten Nordwesten des Landes und ist in insgesamt vier Provinzen aufgeteilt. Neben der Provinz Pontevedra mit der Hauptstadt Galiciens Santiago de Compostela und der zu untersuchenden Stadt Vigo, gibt es drei weitere Provinzen namens A Coruña, Lugo und Ourense. Die Gesamtgröße von 29.574 km² (IGE, 2011) macht nur etwa 6 % Spaniens aus. Von Aberglaube und Mystik geprägt, zeichnet sich „das grüne Spanien" durch kultige Feste und wilde Natur aus. Diese Region blickt außerdem auf eine lange und bewegte Vergangenheit zurück, welche sich auch auf die galicische Sprache stark ausgewirkt hat. Zusammen mit dem Katalanischen und dem Baskischen zählt das Galicische zu den Regionalsprachen Spaniens mit kooffiziellem Status.

In Zeiten der Globalisierung tritt immer mehr die Frage nach einem homogenen Europa auf, was durchaus auch im Bezug auf Sprachen gilt. Somit laufen die Regionalsprachen Spaniens, wie das Galicische und auch viele weitere Minderheitensprachen und Dialekte anderer europäischer Staaten Gefahr, allmählich durch Verlust an Prestige und Sprecherzahlen zu verschwinden. Europa gilt als Einheit, jedoch ist es ebenso noch von sprachlicher Heterogenität geprägt. Die „kleinen" Sprachen werden auch dadurch bedroht, dass sich die Sprecher teilweise von ihrer eigenen Kultur und Identität abwenden, um der globalisierten Welt gerecht zu werden und um eine größere Chance auf dem Arbeitsmarkt zu haben. Die europäische Union hat deswegen eine Charta zum Schutz von Regional- und Minderheitensprachen festgesetzt, um das Recht jedes Menschen auf seine eigene Sprache zu schützen und die Mehrsprachigkeit und Vielfalt der Kulturen in Europa zu bewahren (vgl. Gerhards 2010: 140). In Spanien trat diese im Jahr 2001 in Kraft.

Der europäische Tag der Sprachen fällt auf den 26. September und auch letztes Jahr wurde zu diesem Anlass eine Liste mit Sprachen, die vom Aussterben bedroht sind, veröffentlicht. Letztes Jahr war das Galicische nicht mit aufgelistet und diese Studie soll zeigen, ob das Galicische auch in Zukunft überleben oder früher oder später auf einer dieser Listen auftauchen wird.

In dieser Untersuchung wird versucht, eine mögliche Entwicklung der galicischen Sprache in einer von Globalisierung betroffener Großstadt wie Vigo – vielleicht auch stellvertretend für andere Minderheitensprachen - absehen zu können. Dies soll durch Vergleich mit Ergebnissen von früheren soziolinguistischen Studien mit der, durch eine quantitative Analyse erhobenen, aktuellen Sprachsituation geschehen. Des Weiteren wird die Regionalsprache Galiciens im Laufe der Geschichte beleuchtet und der Zusammenhang zwischen Sprachgebrauch und dem Prestige dieser Sprache dargestellt.

Diese Studie ist in zwei Teile untergliedert. Einen ersten theoretischen Teil, welcher sich mit der Sprachstruktur und der Geschichte, v.a. in Bezug auf das Prestige und die Sprachverwendung beschäftigt, um die Auswirkungen historischer Ereignisse und deren Auswirkung auf das Galicische darzustellen. Anschließend folgt ein Überblick über den Forschungsstand zur galicischen Sprache, sowie über die Stadt Vigo und ihre Bewohner. Hierbei wird auf zahlreiche deutsche, englische, spanische und v.a. galicische Publikationen von Soziolinguisten und Sprachforschern, die sich intensiv mit dem Galicischen auseinandergesetzt haben, Bezug genommen.

Im zweiten, dem praktischen Teil wird versucht, die Ergebnisse des eigens erstellten und durchgeführten Fragebogens zum Thema des Sprachgebrauchs und des Prestiges der galicischen Sprache in Vigo abzubilden und zu erklären. Die Daten der empirischen Untersuchung sollen im Anschluss die vorher, aufgrund von Intuition und Vorwissen aufgestellte Hypothese eines geringeren Sprachgebrauchs trotz steigendem Prestige bestätigen oder wiederlegen und mögliche Gründe und Erklärungen dazu liefern. Dies geschieht, wo es möglich ist, auch jeweils im Vergleich mit früheren soziolinguistischen Untersuchungen zu diesem Thema, um Entwicklungstendenzen der galicischen Sprache deutlich zu machen.

2 Die galicische Sprache

Das Galicische ist eine Sprache mit langer Geschichte, welche von vielen Höhen und Tiefen geprägt ist. Bevor aber ein sprachhistorischer Überblick zum Sprachgebrauch und Prestige der Regionalsprache gegeben wird, stellt das folgende Kapitel kurz die Sprachstruktur des Galicischen dar. Die galicische Sprache gilt für einen Teil der Sprachwissenschaftler, je nach Perspektive als eigenständige Regional- und Minderheitensprache Spaniens und zählt zu den romanischen Sprachen oder nach anderen Kriterien zu den Dialekten (vgl. Bossong 2008: 17). Der Begriff 'Brückensprache' tritt ebenfalls im Zusammenhang mit dem Galicischen auf, da es als Verbindung zwischen dem Portugiesischem und dem Kastilischem angesehen wird (vgl. Noack 2010: 2). Der geringe Abstand zum Portugiesischen, was aus dem Galicischen hervorging, drückt sich ebenfalls im Oberbegriff *gallego-portugués* aus.

Außer in Galicien ist das Galicische in den Grenzgebieten Asturien, León, Zamora und den Provinzen im Norden Portugals, wie auch in Hispanoamerika v.a. in Cuba und Argentinien, bedingt durch Emigration vieler Galicier während der Franco-Diktatur, verbreitet (vgl. Dietrich/Geckeler 2007: 28).

2.1 Sprachstruktur

Aufgrund der Kontaktsituationen, mit welchen das Galicische schon immer konfrontiert war, egal ob mit dem Lateinischen und später mit dem Portugiesischen oder dem Kastilischem, weist die Sprache besondere Merkmale auf.

Umstritten ist, wie viele Varietäten des Galicischen existieren. Die Meinungen gehen zwischen zwei, drei und vier Dialektzonen auseinander, je nachdem welche phonetisch-phonologischen und morphologischen Kriterien zugrunde gelegt werden. Die am häufigsten vertretene Einteilung ist jene von Fernández Rei, der das Galicische in drei Blöcke einteilt. Nach diesem liegt Vigo im westlichen *bloque occidental*, neben dem *bloque central* in der Mitte und dem *bloque oriental* im Osten (vgl. Hermida 2001: 113).

Neben allgemeinen Phänomenen wie *gheada*, die frikative, aspirierte Aussprache von /g/ und *seseo*, dem Zusammenfall von /s/ und /θ/, zeichnet sich der in Vigo gesprochene südwestliche Dialekt vor allem durch das Suffix *–án(s)* aus. Im Gegensatz dazu werden im Zentrum die üblicheren Suffixe *–ao(s)* oder *-au(s)* verwendet (vgl. Luyken 1994: 129). Zur Abgrenzung des Galicischen vom Kastilischem dienen Merkmale wie die fehlende Diphthongierung von *é* und *ó* (z.B.: *sete* statt sp. *siete* 'sieben'; *porta* statt sp. *puerta* 'Tür') und das Schwinden von intervokalischem *-l-* und *-n-* (z.B.: sp. *salire* > *sair* '(aus)gehen'; sp. *corona* > *coroa* 'Krone'). Eine weitere Besonderheit ist der bedeutungsunterscheidende Öffnungsgrad der Vokale *e* und *o* (vgl. Dietrich/Geckeler 2007: 41).

Auf die verschiedenen Dialekte kann aber, aufgrund des begrenzten Rahmens dieser Studie nicht genauer eingegangen werden. Auch Interferenzerscheinungen und regionale, galicische, so wie kastilische Varietäten müssen in dieser Hinsicht unberücksichtigt bleiben.

2.2 Sprachhistorischer Überblick zum Gebrauch und Prestige des Galicischen

Die Kenntnis der Geschichte des Galicischen ist die Grundlage für das Verständnis der später angeführten Ergebnisse der eigenen Untersuchung und die der früheren Studien zur Verwendung des Galicischen. Der Weg vom Lateinischen bis zum heutigen Status einer autochthonen Sprache war von vielen Schwierigkeiten geprägt. Durch historische Ereignisse verlor und gewann das Galicische teilweise an Ansehen und Verwendung. Das Prestige einer Sprache und der im Zusammenhang stehende Sprachgebrauch, wie auch die linguistische Kompetenz der Sprecher waren schon immer von der Einstellung der Sprecher gegenüber ihrer Sprache beeinflusst (vgl. Luyken 1994: 52-53).

Dieser Zusammenhang und seine Entwicklung soll nun in den folgenden Textabschnitten dargestellt werden.

2.2.1 Vom Ursprung bis zum Mittelalter

Schon in vorrömischer Zeit entstand im Gebiet des heutigen Galicien, Nordportugals und im Westen Asturiens ein Kulturraum namens *cultura castrexa*. Aus der südlichen *Provincia Baetica* eroberten die Römer die Region, welche später den Namen *Gallaecia* trug. Im Jahr 409 gründeten die Sueben dort das erste Germanenreich, was bereits zu ersten sprachlichen Differenzierungen führte. Diese wurden durch den Einfall der Araber und die darauffolgende Reconquista verstärkt (vgl. Bröking 2002: 48-49). Im Laufe der Zeit und unter der Herrschaft verschiedener Könige spaltete sich im 12. Jh. der nordportugiesische Teil ab und orientierte sich Richtung Süden, während Galicien immer stärker in den Einflussbereich Kastiliens geriet. Somit trennte sich schließlich die portugiesische von der galicischen Sprachvarietät und wurde eine Nationalsprache. Das Galicische behielt hingegen nur eine regionale Bedeutung.

Die Blütezeit des *gallego-portugués* nahm mit der Entdeckung des Grabes von Apostel Jakobus (813 n. Chr.) und dem Beginn des *Camino Francés* seinen Anfang, was erheblich zur Bedeutung Galiciens beitrug (vgl. Lorenzo Vázquez 2003: 871). Als Literatursprache und alltägliches Kommunikationsmedium, sowohl im mündlichen als auch im schriftlichen Bereich, nahm das Galicische im 13. Jh. bis ca. Mitte des 15. Jh. einen hohen Stellenwert ein und galt als prestigereiche Sprache. Die sogenannte Trobadorlyrik mit ihren *Cántigas* bildete die gesellschaftliche Realität ab und wurde sogar am Hof von Kastilien gepflegt. Doch begann auch schon im 14. Jh. durch kastilische Ansiedlung und Besetzung in Verwaltung und Kirche die allmähliche Kastilisierung Galiciens (vgl. Noack 2010: 153).

2.2.2 Séculos Escuros

Vom 16. Jh. bis zum 18. Jh. durchlief das Galicische die sogenannten *Séculos Escuros*, schriftlose und „dunkle Jahrhunderte", in denen es im Gegensatz zum Kastilischem sehr an Prestige verlor und aus formellen Verwendungskontexten fast völlig verschwand. Dennoch wurde es v.a. von der analphabetischen Landbevölkerung, die den Großteil ausmachte und dem Kastilischen nicht mächtig war, gesprochen und somit bewahrt (vgl. Noack 2010: 154).

Das Galicische war in dieser Zeit mit negativen Attributen wie Armut und Ungebildetheit behaftet und galt als Sprache „des mündlichen, diastratisch und diaphasisch niedrig markierten Gebrauchs" (Bröking 2002: 108). Dies ließ die Bewohner Galiciens an einem Minderwertigkeitskomplex und einer Art Selbstverachtung leiden (vgl. Luyken 1994: 187). Da das Kastilische immer größeren Einfluss nahm, normiert und für sämtliche schriftliche Aufzeichnungen in religiösen, administrativen und literarischen Belangen benutzt wurde, verstärkte sich die Diglossie-Situation (vgl. Hermida 2001: 116-117). Es herrschte eine Zweiteilung zwischen galicisch sprechender, v.a. ländlicher Bevölkerung, und spanischsprachigem Adel und der Kirche - also eine sprachliche Trennung der Gesellschaft aufgrund sozialer Klasse (vgl. Mariño Paz 1998: 202-203).

Der Benediktinermönch Martin Sarmiento (1695-1772) wehrte sich erfolglos gegen diesen Zustand und forderte ein galicisches Wörterbuch. Doch bis auf diese Stimme ist kein Widerstand der galicischen Bevölkerung gegenüber der stark zunehmenden und unterdrückenden Vorrangstellung des Kastilischen überliefert (vgl. Heinze de Lorenzo 1990: 10).

2.2.3 Renaissance des Galicischen: O Rexurdimento bis 1936

Anfang des 19. Jh. kam es zu einer, durch Schriftsteller und Dichter angeregten und von alphabetisierten Intellektuellen getragenen Renaissance des Galicischen, dem sogenannten *O Rexurdimento*. Dieses Aufblühen gilt als „Wiedergeburt der galicischen Literatur" (vgl. Noack 2010: 155). Die soziopolitische Bewegung bewirkte u.a. auch in Katalonien eine Art Selbstreflektion der unterdrückten Bevölkerungsschichten über ihre Sprache und Kultur. Dies hatte wiederum ein neues Identitätsgefühl und ein erstarktes regionales Sprach- und Selbstbewusstsein zur Folge.

Die wichtigsten galicischen Vertreter dieser Zeit waren an erster Stelle Rosalía de Castro mit ihren *Cantares gallegos* und *Follas Novas*, Eduardo Pondal und Manuel Curros Enríquez. Sie gaben mit ihren Gedichten ein kritisches Abbild Galiciens und seiner Sprache und wollten deren Stigmatisierung aufheben (vgl. Luyken 1994: 190-192).

Durch den neu entstandenen galicischen Nationalismus gewann das Galicische als Literatursprache wieder an Prestige (vgl. Hermida 2001: 118-119). In den Schriften des *O Rexurdimento* fiel nun auch die uneinheitliche Schreibweise des Galicischen auf, da es zu dieser Zeit noch keine normierte Orthographie besaß. Neben diesem Aufschwung der galicischen Literatursprache blieb das Galicische, aufgrund der großen Anzahl von Analphabeten in der Bevölkerung jedoch eine gesprochene Sprache. Im Gegensatz dazu behielt das Kastilische den Status einer Prestigesprache und war nach wie vor die vorherrschende Sprache im offiziellen Schriftgebrauch, in Schulen und in der Wirtschaft (vgl. Lorenzo Vázquez 2003: 874). Zu Beginn des 20. Jh. wurde das Galicische schließlich auch bei öffentlichen Veranstaltungen und in der Presse, durch den neu gegründeten Verlag *Nós* mit gleichnamiger Zeitung und der Zeitschrift *A nosa terra* verwendet.

Neben dem *Seminario de Estudos Galegos,* das die Verwendung des Galicischen in Schulen verlangte, förderten die *Irmandades da Fala* und die *Real Academia Galega* (RAG) eine gesellschaftliche Anerkennung und eine Standardisierung der galicischen Sprache (vgl. Heinze de Lorenzo 1990: 12-13).

2.2.4 Zeit der Franco-Diktatur

Mit Beginn der Diktatur Francisco Francos wurden jedoch die Bestrebungen der galicischen Nationalisten, die sich auf einem guten Weg befanden, die galicische Sprache aus ihrem informellen Kontext zu befreien, abrupt beendet. Francisco Franco, der selbst Galicier war, verbot sämtliche Regionalsprachen Spaniens und setzte das Kastilische durch seine Sprachpolitik in allen Bereichen durch. Somit wurde das Galicische erneut in den mündlichen Gebrauch innerhalb der Familie zurückgedrängt (vgl. Luyken 1994: 198). Die, durch die Diktatur eingeleitete Emigration vieler Intellektueller v.a. nach Lateinamerika, hatte auch Einfluss auf die sprachliche Situation in Galicien. Diese bildeten im Exil wichtige kulturelle Zentren und förderten somit auch einen Kulturkampf in Galicien. So wurde bereits 1950 in Vigo das Verlagshaus *Galaxia* gegründet und etliche Bücher in galicischer Sprache produziert (vgl. Lorenzo Vázquez 2003: 875).

Das *Instituto da Lingua Galega* (ILG) wurde noch während der Diktatur im Jahr 1971 gegründet und setzt sich bis heute für die Sprachforschung und Normierung der galicischen Sprache ein. Doch Modernisierung und Industrialisierung mit einhergehender Urbanisierung hatten eine schnellere und stärkere Assimilation der galicischen, sowohl der ländlichen als auch der städtischen Bevölkerung und einen erneuten Prestigeverlust des Galicischen zur Folge. Ohne Kenntnisse des Kastilischen war kein sozialer Aufstieg denkbar, was das Minderwertigkeitsgefühl vieler Galicier erhärtete und viele Eltern ihren Kindern nur das Kastilische vermitteln ließ (vgl. Noack 2010: 161).

Außerdem entstand ein Konflikt zwischen den nationalistischen galicischen Parteien und dem Regime Francos (vgl. Bröking 2002: 96). Immer mehr Studenten und Intellektuelle nutzten zu Beginn der 60er Jahre das Galicische, um sich gegen das Regime zu stellen, obwohl ihre Muttersprache meist schon Kastilisch war. Dies bewirkte in diesen Kreisen eine Aufwertung des Prestiges der Regionalsprache (vgl. Luyken 1994: 200). Es ist also zu erkennen, dass das Verbot des Galicischen bei Teilen der Bevölkerung einerseits zu stärkerem Minderwertigkeitsgefühl und zum Vernachlässigen der Sprache geführt, sich andererseits in einer nationalistischen Gegenbewegung und höheren Verwendung des Galicischen ausgedrückt hat.

2.2.5 Zeit nach Franco bis heute: Sprachpolitische Maßnahmen

Das Ende der Diktatur, das durch den Tod Francos im Jahr 1975 eintrat und die *Transición,* der Übergang zur Demokratie bewirkten, dass das Galicische wieder eine Chance als gesellschaftlich anerkannte Sprache bekam (vgl. Noack 2010: 157-158). Prestigevorteile lagen aber weiterhin auch in dieser Zeit beim Kastilischen. Die Diktatur verursachte auch, dass, um der galicischen Sprache ein höheres Ansehen verleihen zu können, etliche sprachplanerische Maßnahmen nötig waren. Die Sprachplanung betraf sowohl die Korpus- als auch die Statusplanung. Neben diesen brauchte das Galicische auch sprachpolitische Unterstützung (vgl. Esser 1990: 154). Diese Gesetze und Maßnahmen sollen nun im Folgenden dargestellt werden.

Gesetzgebung

Das bereits 1936 schon angenommene, aber durch Einsetzen des Bürgerkriegs noch nicht realisierte Autonomiestatut, wurde in der 1978 verabschiedeten spanischen Verfassung neu abgesegnet. Somit erhielt Galicien im Jahr 1981 den Status einer autonomen Gemeinschaft Spaniens. Dies war für die folgende Sprachpolitik ein enorm wichtiger Schritt. Artikel 5 des Autonomiestatuts lautet: „A lingua propia de Galicia é o galego", somit besitzt das Galicische den Status einer eigenständigen und autochthonen Sprache in Galicien (vgl. Lorenzo Suárez 2009: 25). Des Weiteren gilt Galicien neben dem Baskenland und Katalonien als *nacionalidad histórica* mit kooffiziellen Sprachen (vgl. Bröking 2002: 99-100).

Laut Artikel 3 der spanischen Verfassung gilt die Pflicht aller Spanier die spanische Sprache zu beherrschen, im Gegensatz wird nur das bloße Recht der Galicier und nicht die Verpflichtung die galicische Sprache zu kennen, impliziert. Außerdem wird der Schutz der „sprachlichen Vielfalt" verankert.

> Artículo 3 (vgl. Bollée/Neumann-Holzschuh 2008: 145)
> 1. El castellano es la lengua española oficial del Estado.
>   Todos los Españoles tienen el deber de conocerla y el derecho a usarla.
> 2. Los demás lenguas españolas serán también oficiales en las respectivas Comunidades Autónomas de acuerdo con sus Estatutos.
> 3. La riqueza de las distintas modalidades lingüísticas de España es un patrimonio cultural que será objeto de especial respeto y protección.

Hier ist zu erkennen, dass das Kastilische nicht nur in Spanien, sondern auch in Galicien im Gegensatz zur Regionalsprache rechtliche Vorteile hat. Nachdem nun die galicische Sprache in der spanischen Verfassung verankert worden war, mussten statusplanerische Maßnahmen folgen. So wurde im Jahr 1983 das *Lei de Normalización lingüística* verabschiedet, was eine sprachliche Normalisierung mit Ausweitung und Förderung des Galicischen durch die Regierung in allen öffentlichen und kulturellen Bereichen wie z.B. der Verwaltung, Medien und Bildungswesen als offizielle Sprache neben dem Kastilischen festlegte.

Doch auch in diesem Gesetz wird nicht von der Pflicht das Galicische auch zu verwenden, gesprochen (vgl. Noack 2010: 158). Jedoch sind die Förderung und der Schutz der Sprache sowohl in der spanischen Verfassung, im Autonomiestatut als auch in den gesetzlichen Verfügungen zur Normalisierung der Sprache festgelegt (vgl. Albrecht 1993: 341).

Problematik der Standardnorm

Bereits zu Beginn des 20. Jh. wurde eine Standardisierung und Normalisierung des Galicischen gefordert, konnte jedoch aufgrund der eintretenden Diktatur nie richtig vollzogen werden. Zur erfolgreichen Sprachplanung gehört in erster Linie auch eine Korpusplanung, um eine Entwicklung und den Erhalt einer Sprache gewährleisten zu können. Im Gegensatz zu Katalonien war keine etablierte Norm vorhanden, doch verlangt eine Normalisierung zuerst eine Normierung der Sprache. Nachdem die *Real Academia Galega* (RAG) in Zusammenarbeit mit dem *Instituto da Lingua Galega* (ILG) 1982 die *Normas ortográficas e morfolóxicas do galego* veröffentlicht hatte, welche ein Jahr später in Kraft getreten waren, wurde ein Normenstreit ausgelöst.

Diese Normen für Rechtschreibung und Grammatik beruhen auf einem Kompromiss und der Berücksichtigung des Portugiesischen und des Kastilischen. Dieser kommt aber der Vorstellung einer unabhängigen galicischen Sprache mit einer am Kastilischen ausgerichteten Orthographie der Autonomisten erheblich näher (vgl. Albrecht 1992: 37-38). Die Lusisten, auch Reintegrationisten genannt, welche eine Eingliederung des Galicischen in das Portugiesische fordern, waren und sind im Gegensatz zu den Autonomisten, die das Galicische als eigenständige und vom Portugiesischem unabhängige Sprache ansehen, mit dieser Norm nicht einverstanden (vgl. Kabatek 1992: 65). Bis heute ist dieser Streit nicht völlig beigelegt, da die Norm, welche 2003 erneut geändert wurde, nicht von allen akzeptiert wird. Auch in den Schulen wird nicht überall die gleiche Norm unterrichtet, was wiederum die Beliebtheit des Kastilischen mit einheitlich akzeptierter Norm stärkt. Viele können sich außerdem nicht mit einer auferlegten Norm identifizieren (vgl. Luyken 1994: 270-276).

Ein weiteres Problem der langsamen und stockenden Durchsetzung der sprachlichen Normalisierung ist der fehlende Druck und die mangelnde Förderung der Regierung und der vielen verschiedenen Institutionen ohne zentrale Stelle, die dafür verantwortlich sind. Außerdem trifft die Normalisierung der Sprache auf Widerstand, da das Galicische im Parlament kaum als Alltagssprache verwendet wird (vgl. Lorenzo Vázquez 2003: 877).

Galicisch im Bildungswesen und Verwaltung

Die repressive Politik Francos verbot auch, das Galicische im Unterricht zu verwenden. Dies erklärt die Schwierigkeiten im Lesen und Schreiben der heutigen älteren Generation. Die in den vorangegangenen Kapiteln festgelegten Normen und Gesetze waren ein wichtiger Schritt für die galicische Sprache, um im Schulwesen verwendet werden zu können. Jedoch gibt es bis heute für das Fach Galicisch Schulbücher mit unterschiedlicher Orthographie. Nach dem *Lei de Normalización lingüística* ist das Galicische auch nur als Unterrichtsfach und außer für das Primarschulwesen nicht als Unterrichtssprache vorgesehen. Gewollt ist aber, dass alle Schulabgänger ein gleiches Niveau des Galicischen wie auch des Kastilischen erreichen (vgl. Ramallo 2007: 32).

Die Bildungspolitik ist stark abhängig von der jeweiligen Regierung. So hatte sich die Normalisierung und Sprachpolitik v.a. im Bereich der Bildung in den letzten Jahren unter der galicisch-nationalistisch ausgerichteten Koalition von *Bloque Nacionalista Galego* (BNG) und *Partido Socialista Obrero Español* (PSOE) zu Gunsten des Galicischen entwickelt (vgl. Kühnel 2008: 240).

Seit dem Amtsantritt von Alberto Núñez Feijóo, Mitglied der eher konservativen Volkspartei *Partido Popular* (PP) im Jahr 2009 wurden jedoch wieder einige Neuerungen und Änderungen vorgenommen, die sich eher einem „harmonischen Bilinguismus" als der Durchsetzung des Galicischen verschreiben (vgl. Lorenzo Suárez 2009: 27). Diese Politik stößt bei einigen Verfechtern des galicischen Monolinguismus, v.a. aus der BNG auf Wiederstand (vgl. Fraile 1995/96: 127-128). Trotz, oder gerade wegen dieser Gesetze ist das Kastilische nach wie vor beherrschend. Jedoch ist die Tendenz zu immer mehr Zweisprachigkeit und Verwendung des Galicischen in den Schulen erkennbar, was sich auch positiv auf die Lese- und Schreibfähigkeiten der jüngeren Generation auswirkt.

Der häufigere Sprachgebrauch des Galicischen im Bildungswesen im Vergleich zu vergangenen Tagen hat auch einen wichtigen Gewinn an Prestige zur Folge. Auch das Sträuben vieler Lehrer und Eltern gegen die Verwendung der galicischen Sprache in Schulen hat heute laut Umfragen stark nachgelassen. An den Universitäten gibt es seit 1994 den Studiengang Galicisch, doch außer in der Administration, welche fast ausschließlich auf Galicisch stattfindet, liegt das Verwenden der galicischen Sprache als Unterrichtssprache in der Hand des jeweiligen Dozenten (vgl. Lorenzo Vázquez 2003: 876).

Trotz der nur teilweise durchgeführten Auflagen zum Einsatz des Galicischen in den Schulen, stellt das Bildungswesen einen der wichtigsten Träger zum Erhalt der Sprache dar. Die Verwaltung der Gemeinden ist im Mündlichen galicisch geprägt, doch der Schriftverkehr wird auf Kastilisch abgewickelt. Je städtischer die Verwaltung, desto mehr lässt sich eine Zunahme des Kastilischen verzeichnen (vgl. Noack 2012: 166). Um das Galicische nachhaltig zu stärken, wäre es von großer Bedeutung, auch in diesem Bereich den Sprachgebrauch des Galicischen zu erhöhen und auch für formelle Kontexte zu normalisieren.

Galicisch in den Medien

Abgesehen davon, dass bereits in den 50er Jahren das Verlagshaus *Galaxia* in Vigo gegründet wurde und jährlich ein paar Bücher herausbrachte, war das Galicische in den Medien im Gegensatz zum Kastilischen in dieser Zeit kaum bis gar nicht vertreten. Neben dem heute noch immer bestehenden Verlag *Edicións Galaxia*, gibt es in Vigo einen weiteren wichtigen namens *Edicións Xerais* und noch einige in ganz Galicien, die Titel in galicischer Sprache mit steigender Tendenz produzieren (vgl. Luyken 1994: 205-209). Dies liegt vor allem daran, dass aufgrund des Einzugs der galicischen Sprache in Schulen und Universtäten ein immer größerer Teil der galicischen Bevölkerung die galicische Sprache nun auch lesen und schreiben kann. Jedoch übersteigt die Anzahl der auf kastilisch herausgebrachten Titel deutlich die Zahl der galicischen Bücher.

In der Presse wird außer in der Wochenzeitung *A Nosa Terra* und der Tageszeitung *O Correo Galego* ausschließlich auf Kastilisch berichtet. Große Tageszeitungen wie *La Voz de Galicia, El Correo Gallego* und *Faro de Vigo* verwenden nur für einzelne Beiträge das Galicische (vgl. Esser 1990: 162). Nach Hermida (2001: 129) ist aber auch im Pressewesen ein Anstieg der Verwendung des Galicischen zu erkennen. Zeitschriften wie die *Revista galega de cultura* finden bei der Bevölkerung jedoch wenig Anklang.

Die Gründung des Galicischen Rundfunks 1985 und ein Jahr später auch des galicischen Fernsehens leistet einen wichtigen Beitrag zur Normalisierung der sprachlichen Situation, denn somit tritt das Galicische wieder in das Bewusstsein und den Alltag der Menschen. Doch außer dem Radiosender *Radio Galega* und ein paar wenigen regionalen Sendern, wird im Rundfunk auf Kastilisch berichtet.

Neben dem einzigen galicischen TV-Sender *Television de Galicia* (TVG) und dem Sender TVE1, der eine Stunde täglich galicische Sendungen ausstrahlt, beherrscht das Kastilische die Medienlandschaft. Das Kastilische wird sogar in galicischsprachigen Sendern für Werbesendungen benutzt. Der regionale Fernsehsender der Stadt Vigo ist ebenfalls in der Hand des Kastilischen (vgl. Hermida 2001: 128). Das Problem liegt v.a. darin, dass im Vergleich zu kastilischsprachigen Medien das Interesse an galicischen Fernseh- und Radiosendungen, wie auch an Zeitungen und Büchern wesentlich geringer ist (vgl. Hermann 1991: 193). Außerdem sehen Firmen und Unternehmen mit kastilischen Werbungen mehr Erfolg auf Absatz.

Des Weiteren gibt es meist nur schlecht ausgebildete Journalisten, Moderatoren und Kommentatoren, die die galicische Sprache selbst nicht korrekt beherrschen und ein künstliches Galicisch verwenden (vgl. Kabatek 1996: 85-86). Diese werden zwar sprachlich von sogenannten *Asesores lingüisitcos* beraten, was von der Bevölkerung jedoch nach wie vor mit Argwohn betrachtet wird (vgl. Kühnel 2008: 243). Auch im Gegensatz zu Katalonien, ist in Galicien das Galicische im öffentlichen Leben nicht so präsent. Sind beispielsweise in Barcelona sämtliche Öffnungszeiten an Geschäften, Speisekarten, Theaterprogramme, Fahrscheine, Reklametafeln etc. in katalanischer Sprache, so ist in Vigo das Kastilische dominierend.

Wie beschrieben, wird ersichtlich, dass die gesetzlich verankerte Pflicht zur Förderung des Galicischen in Medien, Bildungswesen und Verwaltung bis heute nicht völlig in die Tat umgesetzt wurde. Da aber die heutige Zeit eine von Medien geprägte ist, wird das Einsetzen des Galicischen in den Medien immer wichtiger, um das Fortbestehen dieser Minderheitensprache neben der allgegenwärtigen Staatssprache Kastilisch zu gewährleisten und das Prestige aufzuwerten. In sozialen Netzwerken wie *Facebook* und *Twitter,* wie auch auf den Internetseiten der oben genannten Zeitungen wurde immerhin durchgesetzt, Galicisch als Sprache einstellen und verwenden zu können.

Im Folgenden, v.a. bei der Analyse der soziolinguistischen Studie wird es auch darum gehen, inwiefern all diese Maßnahmen gewirkt haben, um den durch historische Ereignisse verursachten Prestigeverlust und dessen Nachwirkungen überwinden zu können. Außerdem soll aufgezeigt werden, wie sich Prestige und Sprachgebrauch des Galicischen in Zukunft zueinander verhalten und entwickeln werden.

3 Forschungsstand zum Galicischen und Spanischen in Vigo und Galicien

Dieses Kapitel beschäftigt sich mit dem Forschungsstand zum Thema der galicischen Sprache, um einen kurzen Überblick vorangegangener wissenschaftlicher Arbeiten zu geben. Das Galicische erfreute sich in letzter Zeit großer Aufmerksamkeit seitens soziolinguistischer Forschungen. Anfang der 90er Jahre entstanden die ersten qualitativen wie auch quantitativen Untersuchungen zum Galicischen. Gegenstand der Studien ist die galicische Sprache meist in Bezug auf die linguistische Kompetenz der Sprecher und den Sprachgebrauch in verschiedenen Situationen. Auch der Unterschied zwischen Galicisch als Muttersprache oder erlernter Sprache spielt eine Rolle, wie auch Phänomene des *language-shifts* und Interferenzerscheinungen. Viele v.a. galicische Linguisten beschäftigen sich mit der sprachlichen Normierung, der Sprachpolitik und – Dynamik, so wie mit den Zukunftsaussichten des Galicischen.

Um einen Vergleich mit der hier vorliegenden Datenerhebung erstellen zu können, liegt der Fokus v.a. auf quantitativen Untersuchungen zu diaphasischen, diastratischen und diatopischen Entwicklungen. Hier sind v.a. die beiden Studien namens *Mapa sociolingüístico de Galicia* (MSG) aus den Jahren 1992 und 2004 zu nennen, die von der *Xunta de Galicia* in Auftrag gegeben und der *Real Academia Galega* durchgeführt wurden. Außerdem werden vom *Instituto Galego de Estatística* (IGE) neben Daten zu Einwohnerzahl, Wirtschaft und Wissenschaft auch regelmäßig Werte zur galicischen Sprachverwendung erhoben. Des Weiteren gibt es eine vergleichende Studie der erhobenen Zahlen des IGE und der MSG vom *Consello da cultura galega,* eine der vielen galicischen Institutionen, die sich für die galicische Sprache einsetzen.

Am wichtigsten für diese Studie ist aber die vom *Concello de Vigo* in Zusammenarbeit mit der Universität der Stadt im Jahr 2002 entstandene Studie namens *Estudio sociolingüístico sobre a situación da lingua galega no Concello de Vigo*. Diese liefert zum größten Teil die Grundlage für den Vergleich der eigenen Ergebnisse für die Stadt Vigo.

Die Daten der genannten soziolinguistischen Untersuchungen, wie weitere wichtige Zahlen zu Sprachgebrauch, Ersterwerb, Sprecherzahl und deren Verteilung werden in den folgenden Punkten dargestellt. Dies geschieht meist mit Hilfe aufbereiteter Grafiken, um eine bessere Übersicht über die Situation des Galicischen und Kastilischen in Galicien und in der Stadt Vigo geben zu können. Die Daten für ganz Galicien wurden aus den beiden MSG bezogen, da insgesamt 9.309 Galicier befragt wurden. Für Darstellungen zu Vigo wurden, außer in 3.3 die repräsentativeren Werte der 1403 Teilnehmer des *Concello de Vigo* (vgl. CdV 2002: 13) benutzt, da die MSG nur 909 Befragte aus Vigo zählt (vgl. MSG 2004: 24). Detailliertere Abbildungen und Erklärungen kommen in der Darstellung der Ergebnisse der eigens erhobenen Daten und der Diskussion der Hypothese in Kapitel 6 zum Einsatz.

3.1 Zahlen und Fakten

Die Sprecherzahlen des Galicischen schwanken zwischen 2,5 und 3,2 Millionen, je nachdem, ob die ausgewanderten Sprecher in Lateinamerika und die, in den Grenzgebieten um Galicien mitgezählt werden (vgl. Luyken 1994: 152-153). Betrachtet man die Einwohnerzahl Galiciens von 2.781.498 Bewohnern (IGE, 2012), so kann man daraus schließen, dass fast alle Bewohner dem Galicischen in unterschiedlich hohem linguistischen Maß mächtig sind. Unter den Minderheitensprachen in Spanien nimmt das Galicische dadurch und aufgrund der relativ hohen Zahl an Muttersprachlern die günstigste Stellung ein (vgl. Berschin 1987: 47). In Vigo selbst leben fast 300.000 Menschen, somit ist sie die größte Stadt in Galicien.

Das Galicische sieht sich mit der Weltsprache Spanisch sogar innerhalb der Region Galicien, wie auch in der Stadt Vigo konfrontiert. Das Spanische in Spanien wird von 47.059.533 Menschen (INE, 2013) gesprochen, mit leichten Abzügen von Sprechern von Minderheitensprachen im Land. Berücksichtigt man die Anzahl der Sprecher in Süd-, Mittel- und Nordamerika, wie auch in ehemaligen Kolonien Spaniens, beläuft sich die Sprecherzahl auf ca. 450 Millionen. Betrachtet man nun diese Zahlen, ist es nicht verwunderlich, dass das Kastilische starken Einfluss auf das Galicische, wie auch auf andere Minderheitensprachen genommen hat und weiterhin auch die „mächtigere" Sprache sein wird. Dies wird auch in den Grafiken der nun folgenden Kapitel deutlich.

3.2 Galicisch als L1

Die Ergebnisse der MSG aus den Jahren 1992 und 2004 im Vergleich zeigen in Abbildung 1 einen drastischen Rückgang der Sprecher mit Erstsprache Galicisch. Das liegt einerseits daran, dass viele ältere Menschen, die Galicisch noch als Muttersprache erlernt haben, gestorben sind. Andererseits erlernt die nachkommende Generation Galicisch meist nur noch als L2 in der Schule, weil sie zu Hause meist auf Kastilisch oder zweisprachig erzogen werden, damit sie in der immer stärker globalisierten Welt nicht als rückständig gelten und Chancen auf dem Arbeitsmarkt haben.

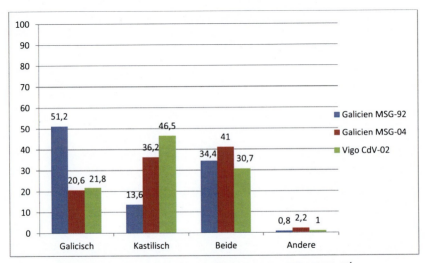

Abbildung 1: Erstsprachenerwerb zwischen 1992 und 2004 für Galicien und Vigo 2002 in %[1]

Lag der Erstsprachenerwerb des Galicischen 1992 noch bei 51,2 % sank er bis 2004 auf nur noch 20,6 %, während sich Kastilisch als L1 mehr als verdoppelte. Die Daten für Vigo aus CdV-02 verhalten sich ähnlich, nur stieg in der Großstadt der Anteil an Kastilisch-Muttersprachlern auf 46,5 %. Hierbei ist allerdings auch die zunehmende Zweisprachigkeit zu beachten, die in ganz Galicien einen deutlichen Anstieg zu verzeichnen hat, jedoch in Vigo unter dem Durchschnitt liegt.

---

[1]Quelle: modifiziert und erweitert nach MSG-04: 34 und CdV-02: 18.

Es erweist sich außerdem als sehr aufschlussreich, wenn man diese Daten nach Alter und Wohnort differenziert. Wie am Beispiel Vigo gezeigt, sieht man auch, dass v.a. in Städten die Zahl an Galicisch als Erstsprache viel geringer und der an kastilischen Muttersprachlern eindeutig höher ist, als in ländlichen Wohnorten, wo die galicische Sprache nach wie vor weiter verbreitet ist. Das Beispiel kann hier stellvertretend für weitere Städte in Galicien angesehen werden. Im Vergleich der sieben größten Städte Galiciens besitzt Vigo hinter Ferrol sogar den zweit höchsten Anteil an monolingual kastilischen Muttersprachlern (vgl. MSG-04: 44).

Abbildung 2 zeigt die Unterschiede der Verteilung des Erstsprachenerwerbs der Bevölkerung in Bezug auf das Alter im Jahr 1992. Je älter die Befragten waren, desto höher war die Anzahl der Befragten, die Galicisch als L1 angaben und desto geringer der Anteil an Sprechern mit Kastilisch als Muttersprache und denen, die zweisprachig aufwuchsen. Für jüngere Generationen verhalten sich die Daten genau gegenläufig.

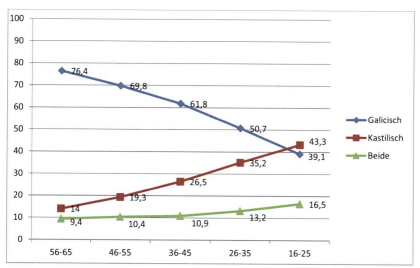

Abbildung 2: Erstsprachenerwerb 1992 nach Alter in %[2]

Am stärksten macht sich die Differenz v.a. zwischen den Befragten ab 56 Jahren wie auch den 46 bis 55-Jährigen und den unter 25-Jährigen bemerkbar.

---

[2] Quelle: adaptiert nach Regueira 2006/MSG-92: 71, ohne Berücksichtigung anderer Sprachen.

So lernten von den Befragten, die um die 30er Jahre geboren wurden noch 76,4 % Galicisch als Muttersprache, aber von den Jahrgängen in der Zeit gegen Ende der Diktatur Francos in den 70er Jahren nur noch 39,1 %. Bei den jüngeren Generationen ist eine wachsende Zweisprachigkeit deutlich erkennbar. Vergleicht man die Daten aus MSG-92 mit den neueren aus MSG-04 wird sichtbar, dass die Schere des Erstsprachenerwerbs zwischen Sprechern des Galicischen und Kastilischen wesentlich kleiner wurde, da der Anteil an Galicisch-Muttersprachlern weiter stark abnahm und der der Sprecher mit Kastilisch als L1 drastisch stieg (s. Abb. 3). Dies liegt v.a. daran, dass nach 12 Jahren natürlich ein Teil der älteren Bevölkerung, welche Galicisch noch als Muttersprache erlernten weggefallen war und eine nachkommende Generation befragt werden konnte, die von teilweise schon bilingualen Eltern beide Sprachen als Muttersprache mitbekommen haben.

Eine noch auffälligere Entwicklung zum Bilingualismus ist auch hier signifikant sichtbar. So stieg der gleichzeitige Erwerb beider Sprachen als Muttersprache deutlich an und übertrifft nun in allen Altersgruppen die Anzahl an Kastilisch- und Galicisch-Muttersprachlern.

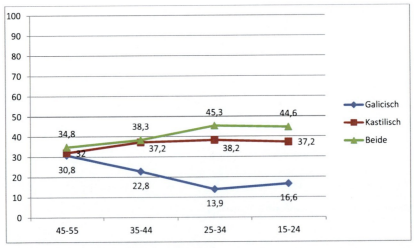

Abbildung 3: Erstsprachenerwerb 2004 nach Alter in %[3]

Zusammenfassend lässt sich sagen, dass in den letzten Jahren v.a. bei der jüngeren Generation ein großer Verlust des Galicischen als L1 bei gleichzeitigem Gewinn des Kastilischen und der Zweisprachigkeit zu verzeichnen ist.

---

[3] Quelle: modifiziert nach MSG-04: 53 (*mais galego* und *mais castelán* zu Beide addiert).

Diese Tendenz ist einerseits beruhigend, da man das Galicische nicht ganz aufgibt, sondern es zusammen mit dem Kastilischen an die Kinder weitergibt. Jedoch ist der Verlust an monolingualen Sprechern des Galicischen im Gegensatz zum starken Gewinn des Kastilischen mit vielen Muttersprachlern ein eindeutiges Zeichen dafür, dass das Kastilische immer mehr eine Vorrangstellung eingenommen hat. So wird Kastilisch immer öfter als L1 weitergegeben. Eine Gefahr des Bilingualismus ist auch, dass bei Mehrsprachigkeit neben einem Sprachkonflikt auch Kulturkonflikte entstehen können, denn eine Kultur definiert sich auch hauptsächlich über ihre Sprache (vgl. Albrecht 1992: 33).

3.3 Linguistische Kompetenz

Ausschlaggebend für den Sprachgebrauch einer Sprache ist nach dem Erlernen, sei es als Muttersprache oder als L2, L3 usw., auch die linguistische Kompetenz der Sprecher. Folgende Grafik stellt die Entwicklung der linguistischen Kompetenz dar, wobei von den Befragten auf einer Skala von 1: *schlecht* bis 4: *sehr gut* ihre Fähigkeiten im Verstehen, Sprechen, Lesen und Schreiben des Galicischen eingeschätzt wurden.

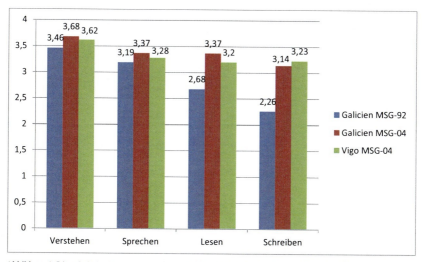

Abbildung 4: Linguistische Kompetenz zwischen 1992 und 2004 für Galicien und Vigo 2004[4]

---

[4] Quelle: modifiziert und erweitert nach MSG-04: 98 und 219-222.

Im Laufe der zwölf Jahre hat die sprachliche Kompetenz v.a. in Bezug auf das Lesen und Schreiben aufgrund der Schulreformen eine positive Entwicklung genommen. Die passive Kompetenz im Verstehen ist nach wie vor am stärksten, während die aktive Fähigkeit im Schreiben am schwächsten ausgeprägt ist. Hierbei sollte auch beachten werden, dass die linguistische Kompetenz zunahm, je jünger die Befragten waren, da diese eine längere oder überhaupt eine Schulbildung auf Galicisch genossen haben. Denn wie in Kapitel 2.2.4 bereits erwähnt, war zur Zeit Francos Galicisch auch in Schulen verboten. Die Bewohner der Stadt Vigo lagen 2004, außer im Schreiben, wo die linguistische Kompetenz sogar höher war, nur knapp unter dem Durchschnitt, was auf die Größe der Stadt zurückzuführen ist.

Jedoch ist zu berücksichtigen, dass die Ergebnisse der Bewohner Vigos in anderen Abhandlungen, wie z. B. der des *Concello de Vigo* nicht viel schlechter waren, als jene für ganz Galicien. Hier wurde aber auf die Daten der MSG zurückgegriffen, da bei der Untersuchung des CdV nicht auf die linguistische Kompetenz im Verstehen eingegangen wurde. Dies zeigt, dass all diese Studien kritisch betrachtet werden müssen, da die Befragungen nicht immer den gleichen Anteil an Menschen verschiedenen Alters, Geschlechts, Bildungsstandes, Herkunft etc. erreichen.

3.4 Sprachgebrauch

Nachdem Aufschluss über die Erstsprachenerwerbssituation und die linguistische Kompetenz gegeben wurde, schließt sich ein kurzer Überblick über den Sprachgebrauch an. Grundlagen für Abbildung 5 sind die Daten des IGE für ganz Galicien, da die MSG in Bezug auf die Verwendung wenig Material liefert und für Vigo die Ergebnisse des *Concello de Vigo* (CdV) aus 2002, welche später in Kapitel 6 mit den Daten der eigenen Forschung genauer verglichen werden.

Diese Daten beziehen sich auf den allgemeinen Sprachgebrauch wie Sprechen, Lesen und Schreiben in der Addition. Differenzierungen auf verschiedene Bereiche und Situationen in Bezug auf Alter, Bildungsstand, Wohnort und Muttersprache werden später näher betrachtet werden.

In dieser Grafik ist zu erkennen, dass der Sprachgebrauch des Galicischen beträchtlich abnahm und in Vigo bereits 2002 schon weiter gesunken war. Im Gegensatz dazu stieg die Verwendung des Kastilischen v.a. in der Großstadt Vigo sichtlich an. Ebenso erhöhte sich die bilinguale Verwendung beider Sprachen.

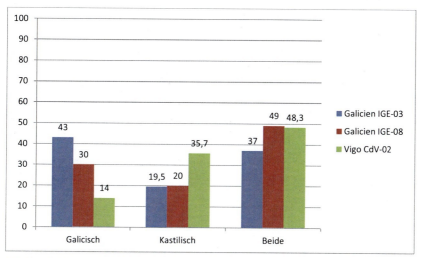

Abbildung 5: Allgemeiner Sprachgebrauch zwischen 2003 und 2008 für Galicien und Vigo 2002 in %[5]

Hier kann ein direkter Zusammenhang zwischen Sprachgebrauch und Erstsprachenerwerb festgestellt werden. Erlernten die Befragten Galicisch als L1, benutzen sie die Regionalsprache auch eher, als Muttersprachler des Kastilischen. Da aber die Anzahl an monolingualen Sprechern mit Galicisch als L1 stark abgenommen hat, so schrumpfte auch die Verwendung des Galicischen, während der Gebrauch des Kastilischen anwuchs.

Sei abschließend kurz erwähnt, dass der galicische Linguist Fernández Rodríguez (2000: 81) in einem Aufsatz beschreibt, er selbst habe Kastilisch als L1 erlernt und es auch im familiären Kontext angewendet. Wichtig ist zu wissen, dass er aus einem sehr kleinen Dorf in der Nähe von Santiago de Compostela stammt, was die Veränderungen auf dem Land in Bezug auf das Kastilische offensichtlich macht. Des Weiteren wird nach Ramallo (2007: 29) das Kastilische immer mehr in informellen Kontexten z.B. bei Arztbesuchen oder Einkäufen und v.a. von der jüngeren Generation benutzt.

---

[5] Quelle: modifiziert und erweitert nach IGE-03, IGE-08 und CdV-02: 32 (gerundet und *maís galego* und *maís castelán* zu Beide addiert).

4   Vigo

Bevor Erläuterungen zur eigenen Datenerhebung gegeben werden, folgt ein kurzer Überblick über das Forschungsgebiet Vigo, um sich ein besseres Bild von der Stadt und seinen Bewohnern machen zu können. In den folgenden Punkten wird hierzu Geschichtliches erläutert und die Kultur, Wirtschaft wie auch die Bewohner Vigos vorgestellt.

Neben persönlichen Gründen und großem Interesse für die Stadt, wurde Vigo als Untersuchungsgebiet gewählt, da sie mit 297.355 Bewohnern (IGE, 2012) die größte Stadt Galiciens ist. Dies ist für eine Studie zur Entwicklung des Sprachgebrauchs und Prestiges einer Sprache in einer Großstadt von großem Vorteil. Denn obwohl das Galicische einen relativ hohen Sprecheranteil besitzt, wird dieser meist in den Städten durch den geringeren Abstand zum Kastilischen wesentlich stärker kompensiert (vgl. Freitag 1994: 75). In den Rias Baixas gelegen, erstreckt sich die Stadt über 110 km² (IGE; 2011) mit einer fast 30 km langen Küste im äußersten Süd-Westen der Region Galicien (s. Abb. 6). Weiter gilt die Provinz Pontevedra mit der gleichnamigen Hauptstadt Pontevedra und Vigo als die wirtschaftlich Bedeutendste Galiciens.

Abbildung 6: Karte Galicien (vgl. welt-atlas)

Mit milden Temperaturen im Winter und nicht zu heißen Sommern herrscht in Vigo ein ausgewogenes, vom Atlantik geprägtes Klima mit viel Regen (vgl. de Santiago y Gómez 2006: 13-14). Vigo hat zahlreiche Schulen und ist neben Santiago de Compostela und A Coruña Standort einer der drei Universitäten Galiciens. Die Universität ist technisch ausgerichtet und zieht Studenten aus aller Welt an. Bürgermeister der Stadt ist Abel Caballero Álvarez der *Partido Socialista Obrero Español* (PSOE), welche eher nationalistisch ausgerichtet ist (vgl. Ayuntamiento de Vigo).

4.1 Geschichte

Nachdem die Kelten, die sogenannten Galläker, woher auch der Name Galiciens stammt, bereits 700 Jahre v. Chr. die Region besiedelten, wurde Vigo von den Römern ca. um 200 v. Chr. gegründet und trug den Namen *Vicus Spacorum*. Im Mittelalter besaß Vigo bereits einen bedeutenden Hafen und wurde auch später noch oft von Piraten und verschiedenen Völkern angegriffen. Wie in Punkt 2.2.1 bereits beschrieben wurde das Galicische zu dieser Zeit auch in Vigo sowohl im schriftlichen als auch im mündlichen Bereich verwendet und besaß ein relativ hohes Prestige.

Aus dieser Zeit stammen auch die meisten historischen Sehenswürdigkeiten der Stadt, wie das *Castro de Vigo* und einige Kirchen und Brücken. Nach langer Maurenherrschaft gelang es König Fernando II. erst 1170 das Gebiet zurückzuerobern. Anfang des 15. Jh. begann der Seehandel v.a. mit Südamerika. Außerdem war Vigo 1702 Ort der Seeschlacht zwischen spanisch-französischen und den siegreichen englisch-niederländischen Flotten. Im Jahr 1809 wurde Vigo von Napoleon erobert, doch einige Monate später bereits wieder zurückerkämpft. Ab 1810 erhielt Vigo von König Fernando VII den Status einer „Ciudad Leal y Valerosa" (vgl. Vázquez Gil 2010: 2). Somit ist Vigo heute als Stadt mehr als 200 Jahre alt. Doch in diesen Zeiten wurde die galicische Sprache fast nur noch mündlich verwendet, weil sie der Prestigesprache Kastilisch weichen musste.

Anfang des 19. Jh. begann dann eine, durch eingewanderte Katalanen bedingte, äußerst wichtige Entwicklung in der Fisch- und Konservenindustrie. Zu dieser Zeit lebten in Vigo fast 4.000 Menschen mit steigender Tendenz (vgl. Mosquera 2010: 3).

Mitte der 50er Jahre setzte in Spanien die moderne Industrialisierung ein, was im ganzen Land wie auch in Vigo zu einer Urbanisierung mit Landflucht führte. In dieser Zeit wuchs die Stadt stark an. Waren es 1875 nur ca. 35.000, so zählte Vigo bereits 1950 etwa 130.000 Einwohner und 30 Jahre später nochmals 50 % mehr (vgl. González Pérez/López González 2003: 165). Die, nach dem Tod Francos beginnende Kulturbewegung *movida*, fand neben der Hauptstadt Madrid v.a. auch in Vigo statt (vgl. Ayuntamiento de Vigo).

4.2 Kultur

Neben vielen verschiedenen Museen, über moderne Kunst bis zum Fischereimuseum, gibt es in Vigo einige Institutionen, die sich für den Erhalt des Galicischen einsetzten und regelmäßige Veranstaltungen zum Thema rund um „*la lingua galega*" anbieten. Die Institution *Servizo de Normalización Lingüística* arbeitet zusammen mit der *Área de normalización lingüística de la Universidad de Vigo* am Überleben der galicischen Sprache. Auch die, vom *Concello de Vigo* ins Leben gerufene Online-Zeitung *Xornal Vigo* ist nur auf Galicisch verfügbar. Wie unter Punkt 2.2.5 bereits erwähnt, sitzen in Vigo außerdem zwei der wichtigsten Verlagshäuser Galiciens.

Wie in ganz Galicien auch, finden in Vigo über das ganze Jahr verteilt viele Wein- und Patronatsfeste statt. Jährlich wird zu Ehren Rosalía de Castros und anderen Autoren am 17. Mai der Tag der Galicischen Literatur gefeiert. Neben vielen Fußballspielern zählt Carlos Núñez, ein Musiker, der in seinen, auf traditionell galicischen Instrumenten, wie den Dudelsack gespielten Liedern die galicisch-keltische Volksmusik aufleben lässt, zu den berühmten Persönlichkeiten der Stadt.

4.3 Wirtschaft und Verkehr

Die galicische Stadt an der Küste des Atlantiks ist Sitz der europäischen Fischereiaufsichtsagentur mit der größten Fischereiflotte Spaniens und einem der bedeutendsten Häfen der Welt, v.a. in Bezug auf die humane Versorgung mit Meerestieren.

Der Hafen war auch Grund der raschen und starken Urbanisierung der Gegend. Vigo ist, v.a. bedingt durch den Seeweg führend im Außenhandel Galiciens und beschäftigt ca. 30.000 Arbeiter in der Fischereiindustrie (vgl. Carneiro 2010: 6). Jedoch mussten das Fischereiwesen und auch ein weiterer traditioneller Wirtschaftszweig wie die Landwirtschaft durch sozioökonomische Umbrüche in der galicischen Gesellschaft einen großen Bedeutungsverlust einbüßen (vgl. Kabatek 1996: 54). Außerdem spielen der Tourismus und die Auto-, Schiffs- und Modeindustrie eine wichtige Rolle. Vigo ist Sitz eines der größten Werke des französischen Autoherstellers PSA Peugeot Citröen mit fast 8.000 Beschäftigten (vgl. García Vázquez 2005: 131).

Jedoch ist auch in der Region Galicien und Vigo die Wirtschaftskrise zu bemerken, was sich auf die steigende Arbeitslosenquote von fast 30.000 Menschen auswirkt. Außer mit dem Zug und dem Auto, ist Vigo über den Flughafen Peinador mit dem Flugzeug erreichbar.

4.4 Bewohner

Neben Einheimischen und Spaniern leben v.a. viele Portugiesen, Afrikaner und Lateinamerikaner, oft ehemalige Auswanderer, in Vigo. Der Anteil ausländischer Bevölkerung in Vigo beläuft sich auf 16.831 (IGE, 2013), was ca. 5, 66 % der Einwohner ausmacht, und seit 1998 mit weniger als 1 % stetig gestiegen ist. Dies kann jedoch nur marginal betrachtet werden kann, da es für europäische Städte eine sehr geringe Anzahl ist. Doch in Bezug auf Galicien betrachtet, ist Vigo die Stadt mit der höchsten Quote an Einwanderern. In Vigo herrscht ein Gleichgewicht, was die Immigration und Emigration betrifft (vgl. López de Lera 2002: 1003).

Betrachtet man neben der, im Zentrum lebenden Bevölkerung auch die umliegenden Dörfer im Concello de Vigo, kommt man auf 426.213 Einwohner (IGE, 2012), was ca. 15 % der Gesamtbevölkerung Galiciens darstellt. Vigo zählt zu den Städten mit einem der größten Anteile an junger Bevölkerung aufgrund hoher Geburtenrate und in Galicien zu der, mit der höchsten Kapazität an Einwanderern. Außerdem verzeichnet die Stadt eine hohe Lebenserwartung der Bevölkerung. Dies alles trägt zu einem stetigen Wachstum der Stadt bei (vgl. Rodríguez 2010: 8).

5 Eigene Datenerhebung

Um einen Vergleich der Entwicklung und der aktuellen Situation des Galicischen in Vigo darstellen zu können, war es notwendig eine eigene Datenerhebung durchzuführen. Wie bereits in Kapitel 3 angeführt, wurden die letzten Studien zu diesem Thema in den Jahren 2002 (CdV), 1992 und 2004 (MSG) und 2008 (IGE) gemacht. Augenmerk wurde besonders auf den Sprachgebrauch und das Prestige des Galicischen in Vigo gelegt.

Das folgende Kapitel hat nun die Aufgabe, die Entwicklung, Planung und Betreuung der Umfrage möglichst ganzheitlich zu dokumentieren. Begleitet von vorbereitenden Überlegungen über das Aufstellen der Hypothese bis hin zur Konstruktion des Fragebogens und der Datenerfassung soll dies die Grundlage für die anschließende Datenauswertung und -analyse, so wie deren Diskussion darstellen.

5.1 Vorbereitende Überlegungen und Zielsetzung

Eine soziolinguistische Untersuchung (nach William Labov) eignet sich besonders gut für die Erforschung politischer, kultureller und sozialer Rollen sprachlicher Systeme und deren Verwendung. Des Weiteren dient sie zur Feststellung gesellschaftlich und kulturell bedingter Einflüsse auf Sprachen (vgl. Wildgen 2010: 3-5).

Da das Ziel dieser Untersuchung eine Erstellung der aktuellen Sprachsituation in Bezug auf Sprachgebrauch und Prestige im Zusammenhang mit Faktoren wie Erstsprachenerwerb, Alter, Beruf, Bildungsstand, Herkunft und Geschlecht in der Stadt Vigo ist, wurde eine soziolinguistische Studie anhand einer quantitativen Methode durchgeführt. Diese sollte mittels Fragebogen, der sowohl elektronisch via Internet, als auch mündlich und persönlich stattfinden.

5.2 Aufstellen der Hypothese

Vor der Konstruktion eines Fragebogens, ist es enorm wichtig zu wissen, was mit diesem untersuchen werden will, um passende Fragen stellen zu können. Aufgrund von Intuition und Durchsicht der vorangegangen Untersuchungen zum Sprachgebrauch des Galicischen, wird davon ausgegangen, dass, trotz vieler Bemühungen und neuer Gesetze seitens der Institutionen und auch der Regierung die galicische Sprache mehr in den Alltag der Galicier zu integrieren, die Verwendung weiter abgenommen hat. Vor allem das immer stärker werdende Eindringen in das Bewusstsein der Sprecher und der große Einfluss der Massenmedien, welche zum größten Teil kastilisch orientiert sind, führt dazu, dass das Galicische in den Hintergrund gedrängt wird.

Quantitative Studien zum Prestige des Galicischen gibt es bisher nicht, da es schwer zu untersuchen ist. In dem hier vorliegenden Fragebogen wurde daher nicht direkt die Frage nach dem Prestige gestellt, da zu positive und unehrliche Antworten vermutet wurden. Für viele Soziolinguisten, ist ein großes Indiz für den Wert einer Sprache nicht nur deren Gebrauch, sondern vielmehr die Einstellung der Sprecher zur Sprache, die Identifizierung mit dieser und seiner Herkunft. Der Verlust der eigenen Regionalsprache, würde für den Großteil der Galicier einen Verlust von Identität und Zugehörigkeit bedeuten (vgl. Beswick 2007: 272). Denn Sprache steht im unmittelbaren Zusammenhang mit dem Ausdruck der eigenen Identität (vgl. Domínguez Seco 2003: 208). Somit wurde großes Augenmerk auf Fragen nach dem Identitätsgefühl und offene Fragen zu Assoziationen, welche spontan beantwortet werden sollten, gelegt, um das Prestige des Galicischen bewerten zu können.

Das Galicische hat in den letzten Jahren an Wertschätzung gewonnen und wird v.a. von intellektuellen Kreisen in Großstädten (z.B. Vigo) als Ausdruck „kultureller Eigenständigkeit" (vgl. Luyken 1994: 53) angesehen. Auch bei Bröking (2002: 7) findet man diesen Zusammenhang zwischen höherem Bildungsniveau und Prestige der galicischen Sprache, auch wenn diese erst als L2 erlernt wurde. Der Wert einer Sprache ist v.a. davon abhängig, in welchen Situationen sie benutzt wird, aber auch von wem diese gesprochen wird. Sprechen Menschen aus sozial angesehenen Schichten die galicische Sprache, gewinnt sie automatisch an Prestige.

Außerdem hat sich das Standardgalicische besonders in Vigo im Laufe der Zeit, durch Ablegen grober dialektaler Merkmale mehr an die spanische Prestigesprache angenähert, wodurch Bröking (2002: 360) vermutet, dass für viele ein Sprachwechsel zum Kastilischen nicht mehr nötig sein wird. Aus diesen Erläuterungen ergibt sich eine Hypothese eines nachlassenden Sprachgebrauchs, trotz erstarkten Prestiges des Galicischen. Bei Luyken (1994: 54) und im Besonderen bei Ramallo, ist diese Tendenz ebenso beschrieben. So schreibt Ramallo „attitudes towards Galician are very favorable, but the use of this language is decreasing over the years" (2007: 31). Er, wie auch Loureiro Rodríguez (2008: 63) notiert weiter, dass v.a. die jüngeren Generationen das Galicische positiv bewerten. Beswick (2007: 22) spricht von einem „covert prestige" beim Galicischen im Gegensatz zum „overt prestige" des Kastilischen, was den eigentlichen Wiederspruch von gestiegenem Prestige und gleichzeitig schwacher Anwendung erklärt.

Diese auf einem Paradoxon beruhende These soll im praktischen Teil der Untersuchung in Kapitel 6.2 diskutiert werden. Bei der Teilhypothese des sinkenden Sprachgebrauchs werden die eigenen Ergebnisse mit denen aus vergangenen Forschungen verglichen. Aufgrund fehlender Studien, wird bei dem Teil des höheren Prestiges auf die Entwicklung des Prestigeverlustes im Laufe der Geschichte Bezug genommen.

5.3 Konstruktion des Fragebogens

Nach Aufstellen der Hypothese musste ein Fragebogen erstellt werden, womit diese untersucht werden konnte. Die Schwierigkeit dabei war es, nicht zu direkt zu fragen, um die Personen nicht zu sehr in eine Richtung zu lenken und diese möglichst frei und spontan antworten zu lassen (vgl. Kirchhoff 2010: 19-24). Die Art und Qualität der Standardisierungs- und Kommunikationsart des Fragebogens ist ausschlaggebend für die im Anschluss folgende Analysephase und den Erfolg der Umfrage (vgl. Raab-Steiner/Benesch 2008: 45). Bei dem Fragebogen ist daher die Entscheidung auf eine Mischung von offenen und geschlossenen, als auch Fragen mit semantischem Differential gefallen.

Nach den „10 Geboten" des Diplomsoziologen Rolf Porst (2011: 95-97) mit Anweisungen für korrekte, nicht überschneidende Fragestellung und verständliche Formulierungen wurde nun der Fragebogen[6] erstellt. Die Schwierigkeit bei der Konstruktion des Fragebogens war das Konzentrieren auf das Wesentliche und die Frage nach dem Prestige des Galicischen. Aufgrund der Vermeidung von zu direkten Fragen, wurde indirekt versucht, mit teilweise offenen Fragen den Zusammenhang von Identität der Sprecher und der Wichtigkeit des Galicischen zu ermitteln, um die Hypothese und diese in Punkt 5.2 bereits erläuterte Verbindung belegen zu können. Da eine elektronische Datenerfassung via Internet gewählt wurde, musste außerdem ein passender Anbieter gefunden werden.

Die Wahl fiel auf die Online-Plattform *www.q-set.de*, auf welcher Studenten kostenlos einen Fragebogen erstellen und per personalisiertem Link, der weitergeschickt werden kann, durchführen können. Hier konnten auch die in Vigo selbst mündlich erhobenen Datensätze nachträglich manuell eingegeben und dann zusammen ausgewertet werden. Außerdem bietet www.*q-set.de* die Möglichkeit, eine prägnante Einleitung mit einer kurzen Erklärung des Themas und die Versicherung völliger Anonymität und Datensicherheit zu formulieren, um mögliche Teilnehmer für das Ausfüllen zu gewinnen. Zusätzlich konnte ein Gutschein des Versandhauses *amazon.de* über 30 € zur Auslosung zur Verfügung gestellt werden, um die Befragten zum Mitmachen zu motivieren.

5.4 Datenerfassung

Nach Konstruktion des Fragebogens und Wahl des Anbieters wurde dieser am 10. April 2013 zum Ausfüllen freigegeben und werbefrei geschaltet. Durch Anschreiben per Email der Universität, Schulen, Institute und Firmen in Vigo wurde der Fragebogen in Umlauf gebracht. Außerdem wurden Freunde und Bekannte in Vigo gebeten, diesen weiterzuleiten. Durch Zufall wurde die Umfrage am 18. April 2013 Thema eines Artikels der Tageszeitung *Faro de Vigo*[7], in welchem neben Informationen zu meiner Untersuchung auch der personalisierte Link zum Fragebogen (http://www.q-set.es/q-set.php?sCode=QYUEDECVYTHQ) genannt wurde.

---

[6] Siehe Anhang 1: Fragebogen.
[7] Siehe Anhang 2: Zeitungsartikel.

Dies trug wesentlich dazu bei, dass sich innerhalb kurzer Zeit die Zahl der Teilnehmer auf 246 belief. Da über das Internet die ältere Generation zwischen 56 und 65 Jahren und die Jüngeren unter 20 Jahren auch erstaunlicherweise schwer bis gar nicht zu erreichen waren, wurden vom 17. Mai bis 21. Mai 2013 die Personen direkt vor Ort befragt. Dazu dienten Kopien des erstellten Fragebogens, welche später nach Ausfüllen zum Online-Datensatz hinzugefügt wurden. An den drei, zur Befragung zur Verfügung gestellten Tagen in Vigo wurden jeweils verschiedene Standorte, wie die Einkaufsstraße und das Hafen- und Geschäftsviertel genutzt, um Personen verschiedenen Alters und Geschlechts zu erreichen.

Damit auch Teilnehmer aus den kleineren Dörfern im Umkreis der Stadt Vigo befragt werden konnten, wurden am letzten Tag auch dort, v.a. in Coruxo und Saiáns Daten erhoben. Somit konnten bis 24. Mai insgesamt 309 ausgefüllte Fragebögen gesammelt werden.

6 Datenauswertung und Analyse

Das nachfolgende Kapitel der Studie dient der grafischen Auswertung und der ausführlichen Analyse des erfassten Datensatzes. Zunächst werden die Zahlen allgemein dargestellt und erklärt. Anschließend folgt eine im Vergleich stattfindende Diskussion, der, in Punkt 5.2 aufgestellten Hypothese. Die Berechnung der Daten erfolgte ohne zwingend notwendig inferenzstatistische Auswertungen, sondern anhand der Ermittlung von Mittelwerten, Prozentsätzen und Filterung mit Hilfe von Windows Microsoft Excel (2007). Die Basis stellen die Daten von insgesamt 309 Fragebögen dar, die 164 männliche und 145 weibliche Teilnehmer umfasst. Folgendes Datenblatt[8] soll einen Überblick über die prozentuale Verteilung geben.

Alter			
	unter 20	19	6,2%
	20-30	86	27,8%
	31-45	123	39,8%
	46-55	55	17,8%
	56-65	16	5,2%
	über 65	10	3,2%

Bildungsniveau			
	ohne Abschluss	1	0,3%
	Allg. Schulabschluss	17	5,5%
	Abitur/andere	38	12,3%
	Ausbildung I/II	39	12,6%
	Universität	214	69,3%

Tätigkeit (aktuell)			
	Primärer Sektor	4	1,3%
	Sekundärer Sektor	25	8,1%
	Tertiärer Sektor	153	49,5%
	Student/-in	42	13,6%
	Schüler/-in	7	2,3%
	ohne Arbeit	31	10,0%
	andere	47	15,2%

---

[8] Quelle: erstellt nach eigener Datenerhebung.

Wohnort	Vigo (Zentrum)	176	57,0%
	Umland von Vigo	89	28,8%
	andere Gemeinde Galiciens	22	7,1%
	andere	22	7,1%

Die Meisten der Befragten sind gebürtig aus Vigo oder anderen Gemeinden Galiciens und leben entweder in der Stadt oder in den Vororten rund um Vigo. Ein Umfang von 31 Befragten, die nicht in Vigo oder Spanien geboren sind und auch nicht dort wohnen, wird aufgrund des begrenzten Rahmens dieser Studie vernachlässigt werden. Auch der geringe Anteil an Befragten, die andere Sprachen sprechen, wurde in den Abbildungen meist nicht berücksichtigt, da diese kaum Einfluss auf das Galicische und Kastilische nehmen.

6.1 Allgemeine Ergebnisse

In den nachfolgenden Abschnitten werden nun die einzelnen soziolinguistischen Parameter im Allgemeinen für die Großstadt Vigo, zum besseren Verständnis mit Hilfe graphischer Aufbereitung der eigens erhobenen Daten beleuchtet. Gab es Vergleichsmöglichkeiten mit der Studie des *Concello de Vigo* aus dem Jahr 2002, so wurden diese Zahlen mit in die Abbildungen eingearbeitet.

6.1.1 Galicisch als L1

Zur Feststellung der L1 der Bewohner Vigos wurde danach gefragt, in welcher Sprache diese das Sprechen lernten[9]. Wie in 3.2 bereits dargestellt, ist bei der Auswertung der erhobenen Daten für Vigo im Jahr 2002 sichtbar geworden, dass in einer Großstadt wie Vigo der Anteil an Galicisch-Muttersprachlern im Gegensatz zu Sprechern mit Kastilisch als L1 wesentlich geringer ist. Auch die Zahl des bilingualen Erstsprachenerwerbs lag im Jahr 2004 in Vigo unter dem einsprachigen Kastilisch-Erwerb.

---

[9] ¿En qué lengua aprendió a hablar? (s. Anhang 1: Fragebogen).

Abbildung 7 soll nun zeigen, inwiefern sich der Erstsprachenerwerb in Vigo in den letzten elf Jahren entwickelt hat. In dieser Grafik ist ein leichter Anstieg im Bereich des kastilischen und bilingualen L1-Erwerbs im Jahr 2013 zu sehen. Was auf die, in 3.2 bereits genannten Gründe zurückzuführen ist. Im Vergleich nimmt der bilinguale Erstsprachenerwerb verhältnismäßig am meisten zu. Ebenso ist eine Abnahme von 4,3 % der Bewohner, die die galicische Sprache als Muttersprache erlernten, zu verzeichnen.

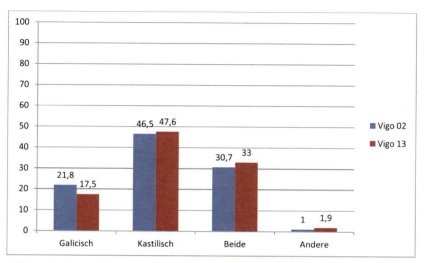

Abbildung 7: Erstsprachenerwerb zwischen 2002 und 2013 nach L1 in %[10]

Auch beim Vergleich in Bezug auf das Alter sieht man wie auch in Punkt 3.2 nach wie vor die Entwicklung bei der jüngeren Generation zu mehr Kastilisch als L1 und mehr Zweisprachigkeit, während ältere Generationen zu weniger Zweisprachigkeit tendieren. Aufgrund nur geringfügiger Veränderungen wurde hier von einer graphischen Darstellung abgesehen.

---

[10] Quelle: erstellt nach eigener Datenerhebung (Berechnung: Filterung nach L1, Frage 7) und CdV-02: 18.

Auch im Stadt-Land-Vergleich ist immer noch das Kastilische als L1 und der Bilingualismus mehr verbreitet, wie folgende Abbildung 8 zeigt. Die Daten des CdV-02 wurden anhand von Mittelwerten angepasst, da dort unter den einzelnen Bezirken der Stadt und dem Umland unterschieden wurde. Das Galicische verliert in der Stadt nicht mehr L1-Sprecher als auf dem Land, wohingegen das Kastilische in Vigo zunimmt und in ländlichen Bezirken erstaunlicherweise abnimmt. Dies ist auf den stark ansteigenden Bilingualismus v.a. auf dem Land zurückzuführen, welcher sich aber auch in den Zahlen für die Stadt Vigo ausdrückt.

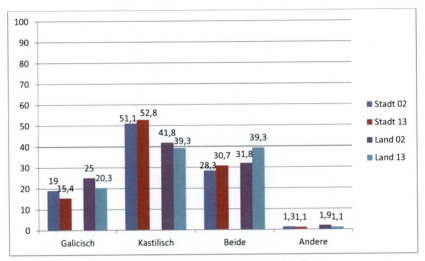

Abbildung 8: Erstsprachenerwerb zwischen 2002 und 2013 nach Wohnort in %[11]

Bei Mehrsprachigkeit spielt auch das Prestige der jeweiligen Sprachen eine große Rolle. Hierbei muss man zwischen dem äußeren Prestige, von der Geschichte, der Regierung etc. vorgegebenen und dem inneren, also dem vom Sprecher zugeordneten Prestige unterscheiden (vgl. Oppenrieder/Thurmair 2003: 45-46). Geht man von diesem Fall der Zweisprachigkeit aus, kann man sagen, dass das Kastilische ein äußeres und „offenes" und das Galicische ein inneres und „heimliches" Prestige besitzt. So kann diese Tendenz zum Bilingualismus, in dem beide Sprachen Prestige besitzen, positiv bewertet werden. Jedoch ist dies bei gleichzeitiger Zunahme des Erstsprachenerwerbs auf Kastilisch kritisch zu betrachten.

---

[11] Quelle: erstellt nach eigener Datenerhebung (Berechnung: Filterung nach Wohnort, Frage 5 und Filterung nach L1, Frage 9) und CdV-02: 18.

6.1.2 Linguistische Kompetenz

Die Daten für die Darstellung der linguistischen Kompetenz des Galicischen in Vigo werden, wie in Punkt 3.3 aus MSG-04 verwendet und mit denen aus der eigenen Datenerhebung verglichen. Dafür wurden jeweils Prozentwerte berechnet, da die Skalen auf denen die Befragten ihre Kompetenz (Frage 8 des Fragebogens[12]) angeben sollten verschiedener Art und Größe waren. In Abbildung 9 ist in allen Bereichen sowohl im Verstehen und Sprechen als auch im Lesen und Schreiben eine deutliche Verbesserung zu verzeichnen, was auf die tiefer greifende Bildungspolitik zurückzuführen ist. Diese erklärt auch die Differenzen bei Betrachtung der linguistischen Kompetenz in Bezug auf das Alter. So schätzen sich die Jüngeren der Befragten durchaus besser ein, als die ältere Generation.

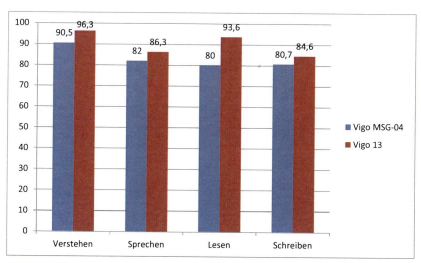

Abbildung 9: Linguistische Kompetenz zwischen 2004 und 2013 in %[13]

Im Vergleich der urbanen und ländlichen Regionen lassen sich kaum Unterschiede feststellen, was zeigt, dass die Schulbildung überall auf gleichem Niveau ist. Die passiven Kompetenzen wie Verstehen und Lesen erreichen weiterhin die besten Ergebnisse. Mit 13,6 % ist die Verbesserung im Bereich des Lesens am größten. Am schlechtesten schätzen sich die Teilnehmer beim Schreiben und Sprechen ein.

---

[12] ¿Cómo estima su competencia en...? (s. Anhang 1: Fragebogen).
[13] Quelle: erstellt nach eigener Datenerhebung (Berechnung: Prozentwerte Frage 8) und MSG-04: 219-222.

6.1.3 Zukunft des Galicischen in Vigo und Vigo als galicische Stadt

Zur Abrundung des Fragebogens wurden allgemeine Fragen zur Wichtigkeit des Erhalts und zur Einschätzung der Zukunft des Galicischen gestellt. Frage 13[14] beschäftigte sich mit dem Erhalt des Galicischen. Hier sollten die Teilnehmer auf einer Skala von 0: *Nein* bis 6: *Ja* eintragen, für wie wichtig sie den Erhalt der galicischen Sprache erachten. Bei Ansicht aller Befragten ergab sich ein äußerst positiver Mittelwert von 5,35.
Bei der Frage bewerteten sogar die Jüngeren der Befragten die Bewahrung des Galicischen als wichtiger als die Älteren (s. Abb. 10).

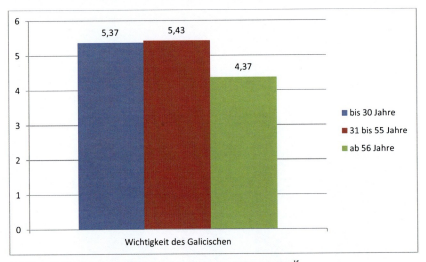

Abbildung 10: Einschätzung der Wichtigkeit des Galicischen 2013 nach Alter[15]

Bei Frage 14[16] nach der Zukunft des Galicischen in Vigo, kam ein Ergebnis von 2,55 zu Stande, was Grund zur Beunruhigung geben könnte. Die Befragten sollten die Zukunftsaussichten auf einer Skala von 0: *schlecht* bis 6: *gut* einschätzen. Leichte Unterschiede gab es bei der Betrachtung des Alters der Befragten. So schätzen die Älteren die Aussichten des Galicischen in Vigo nicht ganz so negativ ein, wie die jüngeren Bewohner. Bei einem Stadt-Land-Vergleich der Einschätzung ergab sich bei der Landbevölkerung ein leicht positiverer Wert.

---

[14] ¿Se considera importante mantener el gallego? (s. Anhang 1: Fragebogen).
[15] Quelle: erstellst nach eigener Datenerhebung (Berechnung: Filterung nach Alter, Frage 13).
[16] ¿Cómo califica el futuro de la lengua gallega en Vigo?(s. Anhang 1: Fragebogen).

Die Feststellung bei Frage 15[17], die von Vigo, als einer äußerst galicischen Stadt ausgeht, sollte von den Teilnehmern von 0: *Nein* bis 6: *Ja* beurteilt werden. Betrachtet man nun den Wert von 3,06, kann man sagen, dass die Zukunft der galicischen Sprache in einer mittelmäßig galicisch bewerteten Stadt nicht besonders gut steht. Auch hier setzen die Jüngeren der Befragten Vigo weniger mit dem Attribut Galicisch in Verbindung als die Älteren. In Bezug auf den Wohnort gab es kaum Differenzen.

Zusammenfassend ist festzuhalten, dass die Einstellung der Bewohner Vigos gegenüber dem Galicischen durchaus positiv ist und dass diese die Sprache, welche in Zukunft erhalten werden soll als wertvoll betrachten. Jedoch schätzen die Befragten die Situation in Vigo im Allgemeinen als schwierig ein.

6.2 Diskussion der Hypothese: sinkender Sprachgebrauch und höheres Prestige nach einzelnen soziolinguistischen Parametern

Im Hinblick auf die, in Kapitel 5.2 ausführlich erklärte und nun zu untersuchende Hypothese eines sinkenden Sprachgebrauchs und steigendem Prestige, sollen die aufbereiteten Daten nun beschrieben und diskutiert werden. Dies geschieht anhand der einzelnen Parameter, wie Alter, Wohnort, Bildungsniveau und L1, da so ein umfassendes Bild der Gesellschaft Vigos im Zusammenhang mit der galicischen Sprachnutzung und dem Ansehen der Sprache gegeben werden kann. Waren Grafiken bei bestimmten Filterungen aufgrund geringer Unterschiede nicht aussagekräftig genug, so wurde auf Abbildungen im Anhang verwiesen und die Entwicklungen nur kurz beschrieben.

Außerdem wurde von Darstellungen der Ergebnisse der Filterung nach den Faktoren Geschlecht, Beruf und Herkunft abgesehen. Dies hätte einerseits den Rahmen dieser Untersuchung gesprengt, andererseits gab es kaum geschlechtsspezifische Abweichungen und die Ergebnisse der Untersuchung nach Beruf ähnelten stark denen, die sich bei Filterung nach dem Bildungsniveau ergaben. Bevor Abbildungen zur Analyse von Prestige, Häufigkeit und der verschiedenen Situationen behandelt werden, soll der Sprachgebrauch im Allgemeinen diskutiert werden.

---

[17] Vigo es una ciudad muy gallega (s. Anhang 1: Fragebogen).

6.2.1 Allgemeiner Sprachgebrauch

Der Sprachgebrauch im Allgemeinen hat sich v.a. dahingehend verändert, dass die Verwendung des Galicischen gestiegen, während die Verwendung des Kastilischen und die beider Sprachen leicht gesunken ist (s. Abb. 11). Diese Daten dürfen allerdings nicht zu positiv gewertet werden, denn es wird sich später bei näherer Betrachtung herausstellen, dass das Kastilische z.B. in den Medien und im Alltag im Gegensatz zum Galicischen wesentlich öfter gebraucht wird.

Außerdem muss dies unter dem Faktor der „sozialen Erwünschtheit" betrachtet werden. Dieser beschreibt das Verhalten der Befragten, die einem Ideal entsprechen wollen und somit angeben, z.B. das Galicische häufiger als das Kastilische anzuwenden (vgl. Stocké 2004: 305-312). Des Weiteren nehmen bei themenbezogenen Befragungen meist nur diejenigen teil, die sich für diesen Bereich auch interessieren. So auch im Fall des hier vorliegenden Fragebogens zum Thema des Galicischen, wo es durch positives Antwortverhalten der Befragten v.a. bei Frage 11 zu Verzerrungen der realen Situation kommen konnte.

Folgende Abbildungen zur Behandlung des allgemeinen Sprachgebrauchs sollen nun unter Berücksichtigung der beiden Faktoren der „sozialen Erwünschtheit" und der positiven Verzerrung betrachtet werden.

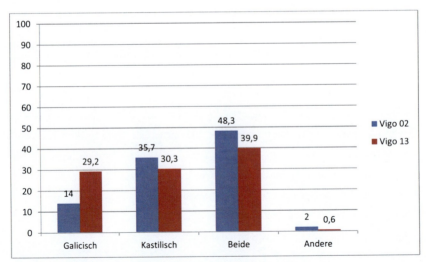

Abbildung 11: Allgemeiner Sprachgebrauch zwischen 2002 und 2013 in %[18]

---

[18] Quelle: erstellt nach eigener Datenerhebung (Berechnung: Durchschnitt Frage 11) und CdV-02: 32 (gerundet und *maís galego* und *maís castelán* zu Beide addiert).

Unter den eingangs genannten Faktoren betrachtet, ist somit in dieser Abbildung ein nur leichter Anstieg im galicischen Sprachgebrauch bei schwach abnehmender Verwendung des Kastilischen und beider Sprachen zu verzeichnen. So wird davon ausgegangen, dass sich während der letzten elf Jahre in Bezug auf den allgemeinen Gebrauch wenig verändert hat.

Alter

Abbildung 12 zeigt den allgemeinen Sprachgebrauch im Jahr 2002. Von den unter 20-Jährigen nutzten über die Hälfte das Kastilische, 43,2 % beide Sprachen und nur 5,4 % das Galicische im Alltag, was sich auch bis 2013 (s. Abb. 13) kaum verändert. Ähnlich verhalten sich die Zahlen für die Teilnehmer von 20 bis 40 Jahren. Bei den 40- bis 50-Jährigen waren ein hoher Gebrauch beider Sprachen und ein geringerer des Kastilischen, wie auch bei den 50- bis 65-Jährigen zu verzeichnen. Beide Sprachen wurden am wenigsten von den über 65-Jährigen, welche den zweithöchsten Anteil an galicischer Sprachverwendung besitzen, benutzt.

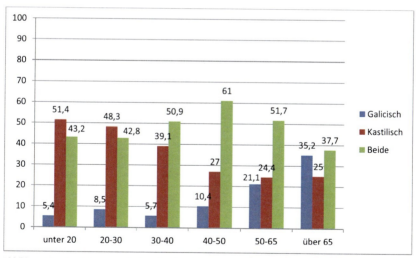

Abbildung 12: Allgemeiner Sprachgebrauch 2002 nach Alter in %[19]

---

[19] Quelle: erstellt nach CdV-02: 34 (ohne Berücksichtigung anderer Sprachen).

Bei der Untersuchung der eigenen Daten aus 2013 treten in Bezug auf den Kastilisch-Gebrauch wenig Veränderungen auf, doch stieg die Nutzung des Galicischen bei den Teilnehmern von 46 bis 65 Jahren an. Außerdem gibt es bei bilingualer Verwendung kaum noch große Unterschiede in Bezug auf das Alter. Bei den unter 20-Jährigen und über 65-Jährigen sank die Verwendung des Galicischen, während sie bei allen anderen deutlich zunahm.

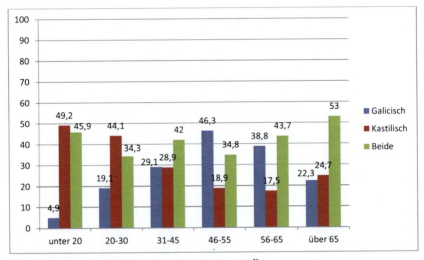

Abbildung 13: Allgemeiner Sprachgebrauch 2013 nach Alter in %[20]

Zusammenfassend ist anzuführen, dass nach wie vor, in den Jahren von 2002 bis 2013, mit höherem Alter der Einsatz des Galicischen zunimmt und je jünger die Befragten sind, desto höher ist die Verwendung des Kastilischen. Auch der bilinguale Sprachgebrauch nimmt bei fast allen Altersklassen die mittlere oder höchste Position im ein. Dass die Jüngeren das Galicische am wenigsten benutzen, liegt daran, dass die Sprache meist nicht mehr als L1 erlernt wird und auch das Kastilische immer mehr Einfluss auf die jüngeren Generationen v.a. im Bereich der Medien nimmt.

Dies wiederum lässt darauf schließen, dass das Galicische in Zukunft auch immer weniger angewendet werden wird - Wenn nicht die nachfolgenden Generationen das Galicische z.B. wieder als L1 erlernen und diese somit häufiger gebrauchen.

---

[20] Quelle: erstellt nach eigener Datenerhebung (Berechnung: Filterung der Mittelwerte nach Alter, Frage 11, ohne Berücksichtigung anderer Sprachen).

Wohnort

Bei Analyse des Wohnortes der Befragten, lässt sich sowohl im Jahr 2002 als auch 2013 ein höherer Sprachgebrauch des Galicischen auf dem Land im Gegensatz zur Stadt feststellen (s. Abb. 14). Doch egal, ob auf dem Land oder in der Stadt - das Galicische wird im Durchschnitt weniger als das Kastilische und außer im Jahr 2013 auf dem Land auch weniger als beide Sprachen verwendet.

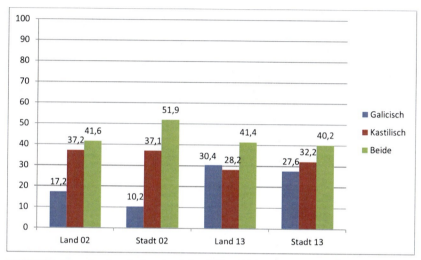

Abbildung 14: Allgemeiner Sprachgebrauch zwischen 2002 und 2013 nach Wohnort in %[21]

Im Vergleich erkennt man, dass in den letzten elf Jahren die galicische Sprachverwendung sowohl in der Stadt als auch auf dem Land - unter Berücksichtigung der verzerrenden Faktoren - leicht zugenommen hat. Der Gebrauch des Kastilischen und der beider Sprachen sich aber verringert. Im Jahr 2013 schwinden die Unterschiede zwischen Stadt und Land allmählich. Jedoch findet das Kastilische in der Stadt mehr und das Galicische weniger Verwendung.

Diese Ungleichheiten zwischen der Stadt Vigo und seinem Umland sind damit zu erklären, dass in einer Großstadt viel mehr kastilische Einflüsse auf die Bewohner einwirken.

---

[21] Quelle: erstellt nach eigener Datenerhebung (Berechnung: Filterung der Mittelwerte nach Wohnort, Frage 11) und CdV-02: 32 (ohne Berücksichtigung anderer Sprachen).

Bildungsniveau

Der soziolinguistische Parameter Bildung war für den Sprachgebrauch schon immer wichtig. Früher war die Verwendung des Galicischen, wie in Punkt 2.2.2 beschrieben, ein Zeichen von Ungebildetheit. Heutzutage verwenden es v.a. Intellektuelle zum Ausdruck ihrer sprachlichen Fähigkeiten und ihrer Identität (s. Punkt 5.2). In Abbildung 15 ist dieser Zusammenhang zwischen galicischer Sprachverwendung und einem höheren Bildungsniveau zu erkennen. Dies erklärt auch die hohen Prozentwerte des Galicischen der 46- bis 65-Jährigen in Abbildung 13, da der Großteil dieser Befragten angab, einen Universitätsabschluss (*Estudios Universitarios*) zu besitzen.

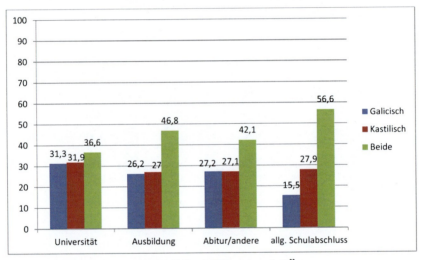

Abbildung 15: Allgemeiner Sprachgebrauch 2013 nach Bildungsniveau in %[22]

Die weniger Gebildeten mit einem Abschluss der allgemeinen Schulpflicht (*Estudios Obligatorios*) versuchen durch Verwendung des Kastilischen, ihren niedrigeren Bildungsstand zu kompensieren und wenden sich von dem Image der Ungebildeten, welche das Kastilische nicht beherrschen, ab. Weiter gibt es bei v.a. zwischen denjenigen mit Abitur (*Bachillerato*) oder einer Berufsausbildung (*Formación Profesional*) kaum Unterschiede. Der Gebrauch des Galicischen und des Kastilischen liegt bei denjenigen mit Universitätsabschluss auf fast demselben Niveau und über dem, anderer Bildungsabschlüsse.

---

[22] Quelle: erstellt nach eigener Datenerhebung (Berechnung: Filterung nach höchstem Bildungsabschluss, Frage 11, ohne Berücksichtigung anderer Sprachen).

L1

Das Erlernen einer Sprache als Muttersprache wirkt sich stark auf den Gebrauch dieser aus. Eine als L2 erlernte Sprache wird meist weniger genutzt, als die Muttersprache. Folgende Grafik soll zeigen, wie sich die Sprachverwendung im Verhältnis mit dem Erlernen einer oder beider Sprachen als L1 ausdrückt.

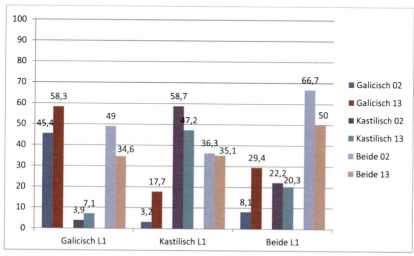

Abbildung 16: Allgemeiner Sprachgebrauch zwischen 2002 und 2013 nach L1 in %[23]

Sprecher mit Galicisch als L1 wenden die galicische Sprache sowohl 2002 als auch 2013 viel häufiger an als Sprecher mit Kastilisch als Muttersprache, wie auch genau umgekehrt. Bei denjenigen, die bilingual aufwuchsen, sind im Jahr 2013 ein Steigerung des galicischen Sprachgebrauchs und eine Vernachlässigung beider Sprachen zu verzeichnen. Galicische Muttersprachler benutzen im Vergleich mit kastilischen Muttersprachlern beide Sprachen mehrmals. Dies liegt v.a., dass es für Kastilier nicht unbedingt notwendig ist, beide Sprachen zu beherrschen, für Galicier jedoch unerlässlich auch Kastilisch sprechen zu können. Der Anteil an galicischem Sprachgebrauch steigt bei allen an. Doch erhöht sich auch die Verwendung des Kastilischen bei denjenigen, die Galicisch als L1 erlernten.

In den folgenden Punkten soll nun die Sprachverwendung differenziert auf Häufigkeit und Situationen untersucht werden.

---

[23] Quelle: erstellt nach eigener Datenerhebung (Berechnung: Filterung nach L1, Frage 11) und CdV-02: 33 (ohne Berücksichtigung anderer Sprachen).

6.2.2 Häufigkeit

Da Kapitel 6.2.1 nur eine Darstellung des Sprachgebrauchs im Allgemeinen lieferte, wird nun die Häufigkeit mit der die Sprachen benutzt werden, erläutert. Durch Berechnung eines Mittelwertes konnte eine Art allgemeine Häufigkeit des galicischen Sprachgebrauchs ermittelt und mit Werten aus CdV-02 verglichen werden.

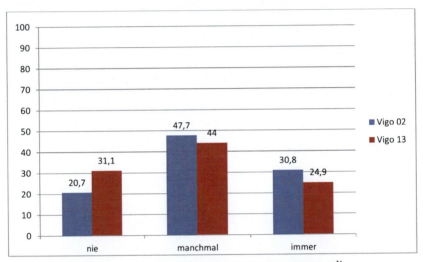

Abbildung 17: Häufigkeit des galicischen Sprachgebrauchs zwischen 2002 und 2013 in %[24]

In Abbildung 17 ist in den letzten elf Jahren nun ein deutlicher Anstieg von über 10 % an Befragten festzuhalten, welche angeben, das Galicische nie zu benutzen. Gleichzeitig sinkt auch die Anzahl derer, die die Regionalsprache immer um 5,9 % oder manchmal um 3,9 % benutzen. Daran erkennt man, dass die Angaben aus Kapitel 6.2.1 unter dem Einfluss der „sozialen Erwünschtheit" standen. Das Galicische wird am häufigsten zu 44 % ab und zu, nie von 31,1 % und immer von nur 24,9 % verwendet.

Daraus lässt sich schließen, dass im Alltag die galicische Sprache nicht viel Verwendung findet, sondern das Kastilische die vorherrschende Alltagssprache ist. In manchen Situationen wird jedoch manchmal auf das Galicische zurückgegriffen

---

[24] Quelle: erstellt nach eigener Datenerhebung (Berechnung: Mittelwerte Frage 9 mit 0,1: nie; 2-4: manchmal; 5,6: immer) und CdV-02: 38 (ohne Angabe von NS/NC).

Alter

Untersucht man die Verteilung des Sprachgebrauchs des Galicischen in Verbindung mit dem Alter der Befragten, erkennt man im Jahr 2002, wie Abbildung 18 zeigt, ein Gefälle von jung nach alt bei der Angabe von ‚nie' - hingegen eine kräftige Zunahme des stetigen Einsatzes des Galicischen. Die Verwendung des Galicischen mit der Angabe ‚manchmal' liegt bei allen Altersklassen um die 50 % und nur bei den über 65-Jährigen bei 30,9 %.

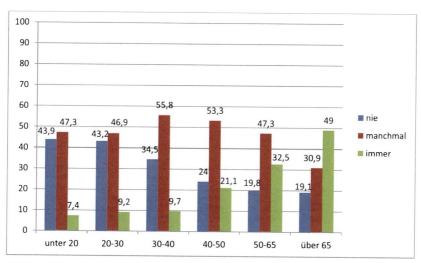

Abbildung 18: Häufigkeit des galicischen Sprachgebrauchs 2002 nach Alter in %[25]

Bei Berücksichtigung des Faktors Alter im Jahr 2013, stellt sich heraus, dass Jüngere wie auch schon im Jahr 2002 im Vergleich mit Älteren wiederholt häufiger angaben, die galicische Sprache nie und zunehmend seltener, diese immer anzuwenden. Am meisten wird das Galicische von den Befragten mittleren Alters (31-65 Jahre) verwendet (s. Abb. 19).

Erkennbar ist aber auch, dass innerhalb der letzten elf Jahre bei fast allen Altersklassen die Anzahl von ‚immer' leicht zugenommen hat.

---

[25] Quelle: erstellt nach CdV-02: 39 (ohne Berücksichtigung von NS/NC).

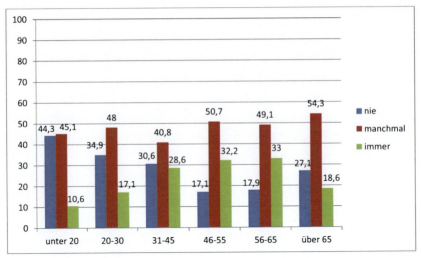

Abbildung 19: Häufigkeit des galicischen Sprachgebrauchs 2013 nach Alter in %[26]

Zum Vergleich dient Abbildung 20, welche die Häufigkeit des kastilischen Sprachgebrauchs darstellt. Hier sind es die Jüngeren, die das Kastilische deutlich öfter benutzen als die älteren Befragten. Kaum Unterschiede gibt es bei der Angabe von ‚nie' und nur eine leichte Tendenz mit steigendem Alter bei der Angabe von ‚manchmal'.

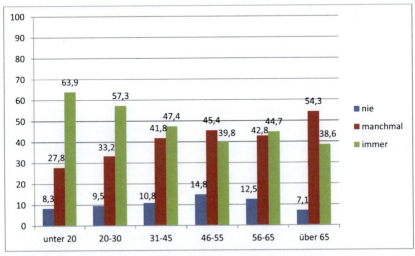

Abbildung 20: Häufigkeit des kastilischen Sprachgebrauchs 2013 nach Alter in %[27]

---

[26] Quelle: erstellt nach eigener Datenerhebung (Berechnung: Mittelwerte Frage 9).
[27] Quelle: erstellt nach eigener Datenerhebung (Berechnung: Mittelwerte Frage 10).

Wohnort

Die Untersuchung nach dem Parameter Wohnort wies wenige Unterschiede auf (s. Anhang 3). Insgesamt stellt sich heraus, dass in den Jahren 2002 und 2013 egal, ob in der Stadt oder auf dem Land, das Galicische von ca. 47 % manchmal, von ca. 31 % nie und von ca. 22 % immer verwendet wird. Im Jahr 2002 war die Differenz zwischen denjenigen, die angaben, dass Galicische immer zu sprechen noch größer als im Jahr 2013, wo es kaum noch große Abweichungen gibt.

Bildungsniveau

Auch die Bearbeitung des Faktors Bildung zeichnete keine signifikanten Daten ab (s. Anhang 4). Bei denjenigen mit allgemeinem Schulabschluss als höchsten Bildungsgrad überwiegt im Vergleich zu den anderen Bildungsniveaus der Anteil derjenigen, die die galicische Sprache nie gebrauchen (vgl. auch Abb. 14). Außerdem gaben diese mit nur 15,1 % an, das Galicische immer zu verwenden, im Gegensatz zum größten Teil von 26,4 % derjenigen mit Universitätsabschluss. Wie schon in Punkt 6.2.1 erwähnt, liegt dies daran, dass dies für Intellektuelle Ausdruck ihrer Persönlichkeit ist.

Es ist also festzuhalten, dass die Häufigkeit der galicischen Sprachverwendung im Allgemeinen abgenommen hat. In Bezug auf das Alter, wie auch in Punkt 6.2.1, lässt sich ebenfalls aus genannten Gründen die Tendenz zu einem geringeren Gebrauch bei der jüngeren Bevölkerung erkennen.

L1

Große Unterschiede jedoch sind bei Betrachtung der Ergebnisse durch Filterung nach L1 zu sehen. Da sich, wie bereits bei der Studie des allgemeinen Sprachgebrauchs, das Erlernen einer Sprache als L1 stark auf deren Verwendung und die Häufigkeit auswirkt. Galicische Muttersprachler gaben im Jahr 2002 (s. Abb. 21) mit 62,4 % an, das Galicische immer zu benutzen. Nur 2,9 % mieden es völlig ihre Muttersprache zu sprechen.

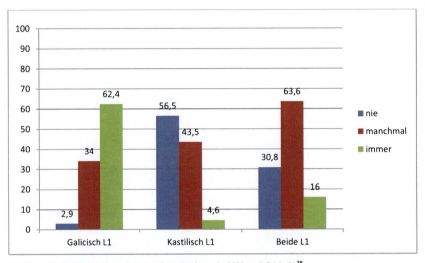

Abbildung 21: Häufigkeit des galicischen Sprachgebrauchs 2002 nach L1 in %[28]

Daten der Kastilisch-Muttersprachler hingegen beliefen sich mit über 50 % darauf, dass die galicische Sprache nie gebraucht wird. Jedoch zeigten diese eine mit 43,5 % relativ hohe Quote einer sporadischen Verwendung des Galicischen. Befragte, die zweisprachig aufgewachsen sind, benutzten die galicische Sprache mit 63,6 % manchmal, mit 30,8 % nie und mit 16 % immer.

---

[28] Quelle: erstellt nach CdV-02: 40.

Im Vergleich sieht man in Abbildung 22, dass im Jahr 2013 Galicisch-Muttersprachler das Galicische immer weniger gebrauchen, Sprecher mit Kastilisch als L1 oder beider Sprachen jedoch eindeutig häufiger. Die Teilnehmer mit Erstsprache Galicisch weisen zwar mit 40,2 % den höchsten Prozentwert auf das Galicische immer zu gebrauchen, jedoch ist der Anteil derer, die es nie oder nur manchmal nutzen, ebenfalls erstaunlich hoch.

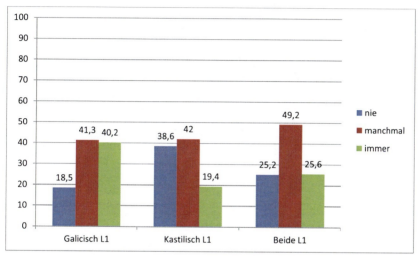

Abbildung 22: Häufigkeit des galicischen Sprachgebrauchs 2013 nach L1 in %[29]

6.2.3 Mediennutzung

Unterscheidet man nun zwischen den Angaben der Sprecher, die eine der Sprachen benutzen, trifft man auf relativ große Unterschiede im Bereich der Mediennutzung. Da es zu den eigens erhobenen Daten keine vergleichbaren Studien gab, beziehen sich folgende Grafiken ausschließlich auf das Jahr 2013. Die Befragten mussten bei Frage 9[30] und 10 des Fragebogens auf einer Skala von 0: *nie* bis 6: *immer* ankreuzen, in welchem Maß sie galicische oder kastilische Medien nutzen.

---

[29] Quelle: erstellt nach eigener Datenerhebung (Berechnung: Mittelwerte Frage 9 mit 0,1: nie; 2-4: manchmal; 5,6: immer).

[30] ¿Con qué frecuencia escucha programas de radio gallegas/castellanas etc.? (s. Anhang 1: Fragebogen).

Diese Frage stellte sich als besonders aufschlussreich dar, da diese wesentlich ehrlicher als die Frage nach allgemeinem Sprachgebrauch beantwortet wurde und somit realistischere Daten lieferte. Folgende Grafiken sollen dies nun veranschaulichen. Das Verwenden galicischer Radiosender, TV-Sendungen, bis hin zu galicischen Büchern, Zeitungen und Zeitschriften liegt deutlich unter der Nutzung kastilischer Medien.

Einerseits liegt dies natürlich auch daran, dass das Angebot auf galicischer Seite geringer, doch auch daran, dass das Interesse an kastilischen Sendern, Zeitungen etc. auch wesentlich höher ist.

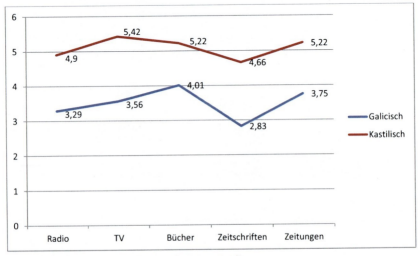

Abbildung 23: Kastilische und galicische Mediennutzung 2013[31]

Am größten ist die Differenz zwischen der Nutzung galicischer und kastilischer Fernsehsender und Zeitschriften (s. Abb. 23). Da das Fernsehen als eines der einflussreichsten Medien zählt, ist dies ein negatives Ergebnis für die galicische Sprache. Eine Sprache, die in den Medien kaum bis gar nicht präsent ist, wird meist auch weniger gebraucht, als eine dort stark verbreitete. Auch für das Fortbestehen einer Sprache ist es wichtig, in der heutigen Zeit v.a. in den Medien Verwendung zu finden.

---

[31] Quelle: erstellt nach eigener Datenerhebung (Berechnung: Mittelwerte Frage 9 und 10).

Alter

Bei Untersuchung der galicischen Mediennutzung in Bezug auf das Alter der Bewohner Vigos, lässt sich v.a. bei den unter 20- und den 20-30-Jährigen erkennen, dass sie diese nur wenig in Anspruch nehmen, was auf geringes Interesse zurückzuführen ist (s. Abb. 24). Galicische Radio- und TV-Sender strahlen meist nur Sendungen mit regionalem Bezug und folkloristische Beiträge aus, was den Geschmack der jüngeren Bevölkerung weit verfehlt.

Befragte im Alter von 31 bis 55 Jahren nutzen galicische Medien am häufigsten. Am größten sind die Differenzen bei Verwendung galicischer Radiosendungen und Bücher. Galicische Zeitschriften werden im Durchschnitt von allen Altersklassen am wenigsten gelesen, was v.a. an der geringen Auswahl und Auflage liegt.

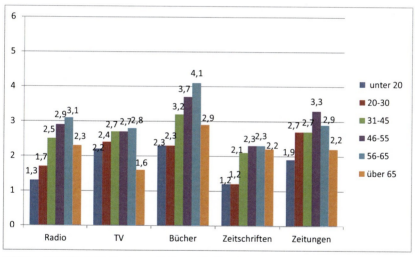

Abbildung 24: Galicische Mediennutzung 2013 nach Alter[32]

Bei Überprüfung der kastilischen Mediennutzung stellten sich, außer einer sichtlich höheren Nutzung der kastilischen TV- Sendungen bei den unter 20-Jährigen und einer ebenfalls stärkeren Verwendung von Zeitschriften bei den über 65-Jährigen, kaum Gegensätze heraus (s. Anhang 5).

---

[32] Quelle: erstellt nach eigener Datenerhebung (Berechnung: Mittelwerte gerundet Frage 9).

In folgender Abbildung 25 wird ersichtlich, dass egal in welchem Alter die Befragten sind, die Nutzung kastilischer Medien immer über der, der Galicischen liegt.

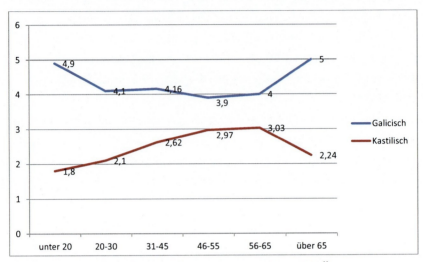

Abbildung 25: Kastilische und galicische Mediennutzung nach Alter im Durchschnitt[33]

Wohnort

Bei Betrachtung des Faktors Wohnort waren kaum Differenzen ausfindig zu machen. Sowohl auf dem Land wie auch in der Stadt liegt die Nutzung der galicischen Medien deutlich unter der Verwendung kastilischer Sendungen, Bücher etc. (s. Anhang 6).

Bildungsniveau

Wie bereits bei Punkt 6.2.2 gab es bei der Untersuchung des Faktors Bildung ebenfalls keine signifikanten Unterschiede (s. Anhang 7). Egal welchen Bildungsabschluss die Befragten haben, alle gebrauchen die kastilischen Medien weitaus öfter. Etwas weniger bedienen sich der galicischen Medien diejenigen mit einem allgemeinen Schulabschluss.

---

[33] Quelle: erstellt nach eigener Datenerhebung (Berechnung: Filterung der Mittelwerte nach Alter, Frage 9).

L1

Der Faktor Muttersprache zeigt auf, dass Sprecher mit Galicisch als L1 galicische Medien am häufigsten verwenden, jedoch diese auch seltener als Kastilische. Die kastilische Mediennutzung ist bei Kastilisch-Muttersprachlern mit einem Wert von 4,3 am höchsten, welche auch mit 2,2 den geringsten Gebrauch galicischer Medien aufweisen (s. Abb. 26). Bilingual erzogene Teilnehmer benutzen mit einem Mittelwert von 2,7 galicische Bücher, Zeitschriften etc. fast genauso oft, wie Muttersprachler des Galicischen. Minimale Differenzen ergeben sich bei Untersuchung kastilischer Mediennutzung bei den Befragten egal in welcher Sprache sie gelernt haben zu sprechen.

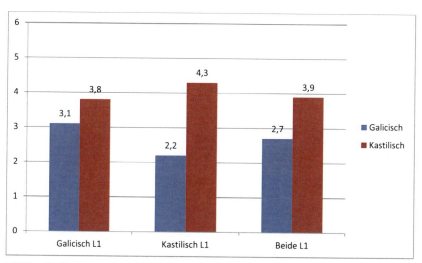

Abbildung 26: Kastilische und galicische Mediennutzung 2013 nach L1[34]

Durch Behandlung des Themas der Mediennutzung konnte festgestellt werden, dass die Nutzung galicischer Medien weit unter der, der kastilischen Radio-, TV-Sender, Bücher, Zeitschriften und Zeitungen liegt. Egal welchen Faktor man betrachtet, sei es die Filterung nach Alter, nach Wohnort, Bildungsniveau oder L1, die kastilische Sprache beherrscht in Vigo, wie auch in ganz Galicien den Großteil der Medienlandschaft.

---

[34] Quelle: erstellt nach eigener Datenerhebung (Berechnung: Filterung der Mittelwerte nach L1, Frage 9 und 10).

6.2.4 Sprachgebrauch in verschiedenen Konversationssituationen

Für eine Beurteilung über den Sprachgebrauch ist neben der Häufigkeit auch wichtig zu unterscheiden, in welchen Situationen jeweils eine Sprache gesprochen wird. Daher befasste sich Frage 11[35] mit den verschiedenen Konversationssituationen. Grafik 27 für das Jahr 2013 veranschaulicht, dass im Durchschnitt außer mit den Großeltern und mit den Kindern das Kastilische im Gegensatz zum Galicischen in Unterhaltungen mit den Eltern, Enkeln, v.a. mit Geschwistern, Kollegen, Freunden und Unbekannten weit überwiegt.

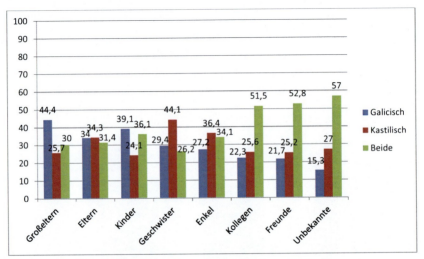

Abbildung 27: Sprachgebrauch in verschiedenen Konversationssituationen 2013 in %[36]

Die Verwendung beider Sprachen sticht v.a. bei Konversationen Unbekannten, Freunden und Kollegen mit mehr als 50 % heraus. Auch innerhalb der Verwandten werden beide Sprachen relativ oft benutzt. Am wenigsten wird das Galicische außerhalb der Familie gesprochen, was v.a. daran liegt, dass das Kastilische in formellen Kontexten, in der Arbeitswelt und meist auch im Alltag die vorherrschende Sprache ist.

---

[35] ¿Que lengua usa/usaba en general cuando habla con...? (s. Anhang 1: Fragebogen).
[36] Quelle: erstellt nach eigener Datenerhebung (Berechnung: Mittelwerte Frage 11 ohne Berücksichtigung anderer Sprachen).

Für Unterhaltungen mit den Eltern und Großeltern, gab es vergleichbaren Daten aus dem Jahr 2002. In Abbildung 28 ist zu sehen, dass die Verwendung des Galicischen mit den Großeltern und auch den Eltern im Jahr 2013 gesunken und der Anteil an denjenigen, die Kastilisch oder beide Sprachen benutzen in den letzten Jahren erkennbar gestiegen ist.

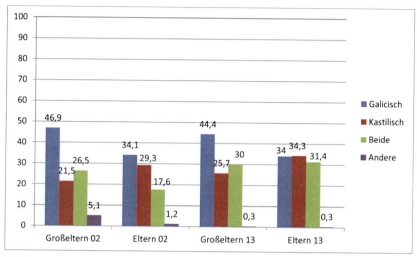

Abbildung 28: Sprachgebrauch mit Eltern und Großeltern zwischen 2002 und 2013 in %[37]

Nach wie vor überwiegt bei Konversationen mit den Großeltern das Galicische, gefolgt von der Verwendung beider Sprachen und dem Kastilischen. Bei Unterhaltungen mit den Eltern gibt es im Jahr 2013 kaum noch Unterschiede. Die Tatsache, dass der monolinguale Gebrauch der galicischen Sprache tendenziell auch innerhalb der Familie zurückgeht, ist zum einen auf das gleichzeitige Abnehmen des Galicischen als L1 zurückzuführen. Andererseits liegt dies auch an der immer weiter verbreiteteren Gewohnheit mit Verwandten beide Sprachen und zunehmend auch das Kastilische zu verwenden.

---

[37] Quelle: erstellt nach eigener Datenerhebung (Berechnung: Filterung nach Großeltern und Eltern, Frage 11) und CdV-02: 36.

Alter

Der Faktor Alter erwies sich in Bezug auf die verschiedenen Konversationssituationen als sehr differenzierend. Aufgrund des beschränkten Rahmens dieser Studie wurden die Konversationen mit den Eltern, Großeltern, Geschwistern, Kindern und Enkeln zu dem Begriff ‚Familie' zusammengefasst. Die Unterhaltungen innerhalb der Familie unterscheiden sich kaum, außer, dass das Galicische bei allen Altersklassen in Unterhaltungen mit den Großeltern und teils auch mit den Eltern und das Kastilische bei Konversationen mit den Enkeln jeweils eine höhere Anwendung findet.

Bevor detaillierte Abbildungen zum Sprachgebrauch in verschiedenen Situationen behandelt werden, wird kurz erläutert, in welchem Verhältnis die einzelnen Altersklassen die Sprachen benutzen. Bei den unter 20-Jährigen fällt ein starker Gebrauch beider Sprachen innerhalb der Familie und außerhalb davon eine hohe Verwendung des Kastilischen auf. Insgesamt betrachtet, sprechen diese kaum Galicisch (s. Anhang 8). Außerhalb der Familie benutzen die 20-30-Jährigen meist beide Sprachen oder das Kastilische. Es stellten sich kaum Differenzen bei Unterhaltungen mit Kollegen, Freunden oder Unbekannten heraus. Bei Konversationen in der Familie überwiegen das Kastilische mit 48,4 % und das Galicische mit 27,5 % (s. Anhang 9). Befragte im Alter von 31 bis 45 Jahren wenden in der Familie alle Sprachen zu fast gleichen Teilen an. Bei Unterhaltungen außerhalb jedoch deutlich mehr beide Sprachen (s. Anhang 10).

Die Teilnehmer im Alter von 46 bis 55 (s. Anhang 11), wie auch zwischen 56 bis 65 Jahren (s. Anhang 12) weisen die höchste galicische Sprachverwendung innerhalb der Verwandten auf. Auch in Gesprächen mit Kollegen und Freunden wird das Galicische vielmals benutzt, wobei der Gebrauch beider Sprachen außerhalb der Familie am größten ist. Die Ältesten der Teilnehmer verwenden, außer mit Unbekannten am häufigsten beide Sprachen, mit Kollegen und Unbekannten oft das Kastilische. Innerhalb der Familie wird das Galicische nur zu 29,8 % gebraucht (s. Anhang 13).

Um die genannten Differenzen verständlich machen zu können, werden nun im Folgenden Abbildungen zur Darstellung der Verwendung der jeweiligen Sprache in den verschiedenen Unterhaltungssituationen behandelt.

Die Galicische Sprachverwendung findet im Jahr 2013, wie Abbildung 29 zeigt, egal in welchen Situationen v.a. bei den 46-55- und den 56-65-Jährigen und am wenigsten bei den jüngeren Befragten statt. Innerhalb der Familie überwiegt das Galicische bei allen Altersklassen. Bei Unterhaltungen mit Kollegen und Freunden erfährt die galicische Sprache einen mittelmäßigen Gebrauch. Treffen die Befragten auf Unbekannte, wählen nur wenige das Galicische.

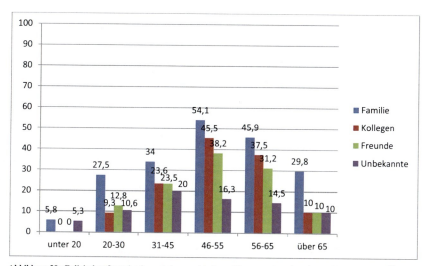

Abbildung 29: Galicischer Sprachgebrauch in verschiedenen Konversationssituationen 2013 nach Alter[38]

Mit Abstand am seltensten wird das Galicische von den Befragten unter 20 Jahren gesprochen - dicht gefolgt von den 20-30-Jährigen. Die Teilnehmer über 65 Jahre benutzen die galicische Sprache außerhalb der Familie nur zu 10 %.

In der Abbildung zur kastilischen Sprachverwendung (s. Anhang 14) ist zu erkennen, dass v.a. die Jüngeren im Gegensatz zu den Befragten zwischen 31 bis 65 Jahren das Kastilische in allen Bereichen öfter einsetzen. Außerdem fällt auf, dass v.a. die 20-30- und 31-45-Jährigen die kastilische Sprache auch innerhalb der Familie mehrfach gebrauchen.

---

[38] Quelle: erstellt nach eigener Datenerhebung (Berechnung: Filterung nach Alter und Galicisch, Frage 11).

Abbildung 30 zeigt die Verwendung beider Sprachen. Diese weist bei Unterhaltungen außerhalb der Familie bei den meisten einen Durchschnitt von ca. 50 % auf. Bei Konversationen mit Unbekannten werden sie von den 20-65-Jährigen am häufigsten benutzt. Innerhalb der Familie sprechen v.a. die unter 20- und über 65-Jährigen beide Sprachen.

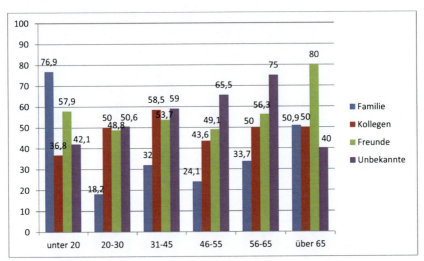

Abbildung 30: Bilingualer Sprachgebrauch in verschiedenen Konversationssituationen 2013 nach Alter in %[39]

Die Überprüfung des Faktors Alter stellte nun heraus, dass innerhalb der Familie, außer bei den Jüngeren das Galicische oftmals eingesetzt wird. Außerhalb, bei Unterhaltungen mit Kollegen, Kommilitonen etc. jedoch von fast allen meist das Kastilische oder beide Sprachen genutzt werden.

Wohnort

Bei der Filterung nach dem soziolinguistischen Parameter Wohnort ergaben sich nur kleine Unterschiede. So ließ sich eine leicht geringere Verwendung des Galicischen in fast allen Konversationssituationen in der Stadt (s. Anhang 15), außer mit den Kindern, im Gegensatz zum Land (s. Anhang 16) ablesen.

---

[39] Quelle: erstellt nach eigener Datenerhebung (Berechnung: Filterung nach Alter und beide Sprachen, Frage 11).

Jedoch wird das Galicische, egal ob auf dem Land oder in Vigo außerhalb der Familie von einem höheren Gebrauch des Kastilischen und auch der Verwendung beider Sprachen überholt.

Bildungsniveau

In Bezug auf das Bildungsniveau lassen sich ein paar Ungleichheiten feststellen, wie folgende Grafiken zeigen. Abbildung 31 macht deutlich, dass die galicische Sprache innerhalb der Familie von allen am häufigsten, wobei diese von denjenigen mit einem allgemeinen Schulabschluss am wenigsten verwendet wird. Befragte mit Universitätsabschluss oder Abitur gaben im Durchschnitt am öftesten an, das Galicische bei Unterhaltungen mit Kollegen, Freunden etc. zu benutzen.

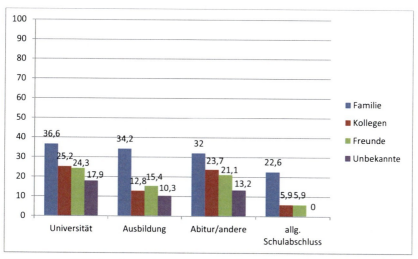

Abbildung 31: Galicischer Sprachgebrauch in verschiedenen Konversationssituationen 2013 nach Bildungsniveau in %[40]

Die Berechnung des kastilischen Sprachgebrauchs brachte kaum Unterschiede. Außer diejenigen mit einem Ausbildungsabschluss wiesen bei Unterhaltungen mit Kollegen und Freunden eine geringere Anwendung des Kastilischen auf (s. Anhang 17).

---

[40] Quelle: erstellt nach eigener Datenerhebung (Berechnung: Filterung nach Bildungsniveau und Galicisch, Frage 11).

Im Vergleich liegt das Kastilische außer bei Konversationen in der Familie egal mit welchem Bildungsniveau über dem Galicischen. Innerhalb der Familie überwiegt bei denjenigen mit einem allgemeinen Schulabschluss oder Abitur die Verwendung beider Sprachen, wie Abbildung 32 zeigt. Im Vergleich kann man ablesen, dass der Gebrauch beider Sprachen bei Unterhaltungen mit Kollegen, Freunden und Unbekannten im Gegensatz zum rein galicischen oder kastilischen Sprachgebrauch wesentlich höher ist.

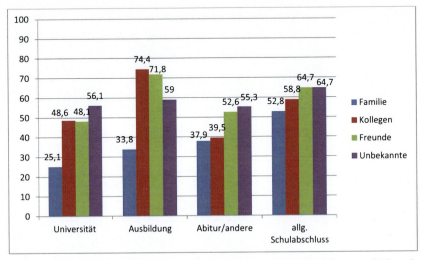

Abbildung 32: **Bilingualer Sprachgebrauch in verschiedenen Konversationssituationen 2013 nach Bildungsniveau in %**[41]

Am häufigsten werden beide Sprachen in Konversationen außerhalb der Familie von den Befragten mit einem Ausbildungsabschluss benutzt, was vielleicht auch an dem jeweiligen Arbeitsumfeld liegt.

Man kann also sagen, dass das Bildungsniveau sich, wie bereits schon auf den allgemeinen Sprachgebrauch und auch die Häufigkeit dahingehend auswirkt, dass mit höherem Bildungsgrad das Galicische zunimmt. Doch ebenfalls in nicht familiären Unterhaltungskontexten entweder das Kastilische oder beide Sprachen gesprochen werden.

---

[41] Quelle: erstellt nach eigener Datenerhebung (Berechnung: Filterung nach Bildungsniveau und beide Sprachen, Frage 11).

L1

Galicischer Sprachgebrauch findet logischerweise v.a. bei Muttersprachlern der galicischen Sprache statt und dies meist in der Familie und mit Freunden. Kastilisch-Muttersprachler verwenden das Galicische hingegen in allen Situationen fast zu gleichen Teilen äußerst selten, da es für die meisten ausreichend ist, das Kastilische zu beherrschen. Erlernten die Befragten beide Sprachen als L1 erkennt man innerhalb der Familie eine zunehmende Nutzung des Galicischen im Vergleich zu Konversationen mit Kollegen etc. (s. Abb. 33).

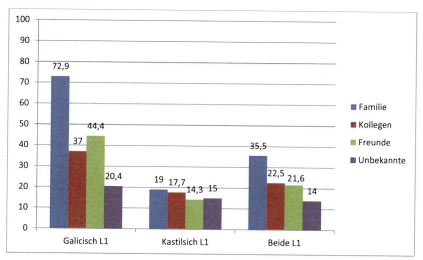

Abbildung 33: Galicischer Sprachgebrauch in verschiedenen Konversationssituationen 2013 nach L1 in %[42]

Zum Vergleich soll eine Darstellung zum kastilischen Sprachgebrauch dienen (s. Anhang 18). Dort sind eine starke Verwendung des Kastilischen von Kastilisch-Muttersprachlern und kaum ein Gebrauch von Sprechern mit Galicisch als L1 zu sehen. Bei bilingual aufgewachsenen Teilnehmern wird das Kastilische in allen Situationen zu ca. 20 % benutzt.

---

[42] Quelle: erstellt nach eigener Datenerhebung (Berechnung: Filterung nach L1 und Galicisch, Frage 11).

Beide Sprachen werden von allen Muttersprachlern innerhalb der Familie am wenigsten, jedoch mit Unbekannten, wie auch mit Freunden und Kollegen in den meisten Fällen verwendet (s. Abb. 34).

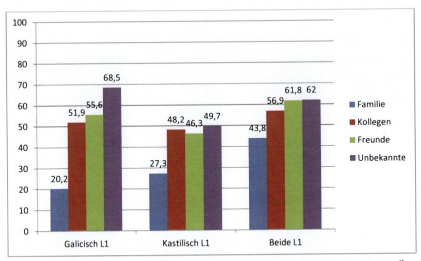

Abbildung 34: Bilingualer Sprachgebrauch in verschiedenen Konversationssituationen nach L1 2013 in %[43]

Zusammenfassend stellt sich heraus, dass innerhalb der Familie von Kastilisch-Muttersprachlern das Kastilische und von Galicisch-Muttersprachlern das Galicische, beide Sprachen immer häufiger Anwendung finden.

Bevor nun Darstellungen zur Analyse des Prestiges der galicischen Sprache folgen, sei kurz zusammengefasst, dass bei allgemeinem Sprachgebrauch der Anteil an galicischer Sprachverwendung – bedingt durch Verzerrung – leicht gestiegen ist. Die Untersuchung nach Häufigkeit, Mediennutzung und Konversationssituationen aber eine, im Gegensatz zum Kastilischen und zu beiden Sprachen deutlich geringere Nutzung in den letzten elf Jahren ergab. Bei Betrachtung der einzelnen Faktoren, stellte sich heraus, dass meist die Jüngeren und diejenigen, mit niedrigerem Bildungsabschluss das Galicische am wenigsten gebrauchen. Hingegen, Befragte mittleren Alters und die Älteren, welche hauptsächlich universitäre Ausbildung erfuhren, die galicische Sprache noch relativ oft verwenden. In Bezug auf den Wohnort gab es bis auf eine leichte Tendenz zu weniger Galicisch in der Stadt Vigo, kaum Unterschiede. Somit konnte die Teilhypothese einer geringeren Sprachverwendung zum größten Teil bewiesen werden.

---

[43] Quelle: erstellt nach eigener Datenerhebung (Berechnung: Filterung nach L1 und beide Sprachen, Frage 11).

6.2.5 Prestige

Wie in 5.2 beschrieben, wird das Prestige nun anhand des Identitätsgefühls der Befragten dargestellt. Dies muss natürlich kritisch betrachtet werden, da dies rein interpretativ und assoziativ geschieht. Außerdem gibt es keine Vergleichsmöglichkeit mit anderen Studien. So wird das Prestige im Verhältnis dazu gesetzt, wie es z.B. während und nach der Zeit der Diktatur Francos eingeschätzt wurde.

Frage 12[44] des Fragebogens fragte danach, ob die Befragten sich als Galicier oder Spanier fühlen, was anschließend von den Teilnehmern kurz begründet werden sollte.

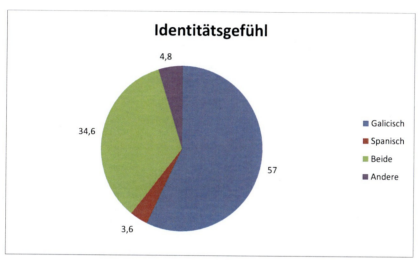

Abbildung 35: Identitätsgefühl 2013 in %[45]

In Abbildung 35 ist klar zu erkennen, dass sich über die Hälfte als Galicier fühlen. Von den Befragten geben 34,6 % an, sich als Personen mit zwei, nämlich der spanischen und der galicischen Identität zu sehen. Die geringe Anzahl von nur 3,6 % der Teilnehmer zeigt, dass kaum jemand angibt, eine spanische Identität zu besitzen.

Bei der Begründung, gaben diejenigen mit galicischer und auch doppelter Identität meist Schlagwörter wie Stolz, Gefühl, Heimat, Sprache, Tradition etc. an. Dies lässt darauf schließen, dass sie sich auch mit der galicischen Sprache identifizieren, was auf ein hohes Prestige des Galicischen übertragen werden kann.

---

[44] Se considera.../ ¿Y por qué? (s. Anhang 1: Fragebogen).
[45] Quelle: erstellt nach eigener Datenerhebung (Berechnung: Mittelwert, Frage 12).

Dieses Nationalitätsbewusstsein und die Verbundenheit mit der Heimat, auch *galeguismo* genannt, erklärt ebenfalls ein hohes „inneres" und „heimliches" Prestige des Galicischen (vgl. Piñeiro 2009: 6-7). Somit kann man also von einem gestiegenen Prestige sprechen, da auch laut der Studie des *Concello de Vigo* aus dem Jahr 2002 (54) 65,1 % der Bewohner Vigos das Galicische genauso nützlich wie das Kastilische einschätzen. Außerdem glauben nur noch 10,7 %, dass man weniger Aufstiegschancen in der Arbeitswelt hat, wenn man die galicische Sprache spricht (vgl. CdV 2002: 57). Auch die Tatsache, dass mehr als die Hälfte der Bewohner eine stärkere Verwendung des Galicischen in den Medien fordern (vgl. CdV 2002: 64), lässt auf ein erstarktes Prestige schließen.

Alter

Bei der Ermittlung des Identitätsgefühls nach dem Faktor Alter, wurde sichtbar, dass v.a. die jüngere Bevölkerung sich weniger galicisch fühlt, jedoch mit 57,9 % angibt, eine zweifache Identität in sich zu tragen (s. Abb. 36). Dies ist auf den wachsenden Bilingualismus zurückzuführen.

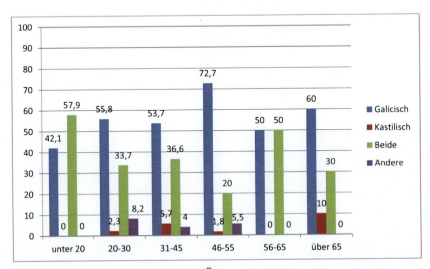

Abbildung 36: Identitätsgefühl 2013 nach Alter in %[46]

---

[46] Quelle: erstellt nach eigener Datenerhebung (Berechnung: Filterung der Mittelwerte nach Alter, Frage 12).

Bei allen anderen Altersklassen überwiegt die galicische vor einer doppelten Identität. Außer, dass sich die 46-55-Jährigen mit 72,7 % und die über 65-Jährigen mit 60 % am meisten als Galicier fühlen, gibt es in Bezug auf das Alter wenige Gegensätze. Die geringen Differenzen, sind damit zu erklären, dass es bei der Identität keinen Unterschied macht, wie alt man ist.

Wohnort

Bei Analyse des Identitätsgefühls nach den verschiedenen Wohnorten der Befragten, ergaben sich nur minimale Differenzen (s. Anhang 19). So überwiegen sowohl in der Stadt als auch auf dem Land das galicische und das doppelte Identitätsgefühl - jedoch mit jeweils leicht höheren Angaben auf dem Land, was auf das stärker ausgeprägte Traditionsgefühl in ländlichen Regionen zurückzuführen ist.

Bildungsniveau

Ebenfalls stellten sich bei der Untersuchung nach dem höchsten Bildungsgrad wenig Unterschiede heraus (s. Anhang 20). Außer, dass das doppelte Identitätsgefühl mit abnehmendem Bildungsniveau zunimmt und diejenigen mit Ausbildungsabschluss, die stärkste Quote an galicischer Identität aufweisen, waren kaum signifikante Abweichungen erkennbar.

L1

Abbildung 37 zeigt das Verhältnis zwischen Muttersprache und Identitätsgefühl. Zu erwarten war, dass Muttersprachler des Galicischen auch die höchste Zahl an Befragten aufweisen, die sich als Galicier fühlen. Dies wird in nachfolgender Grafik mit 77,8 % auch bestätigt.

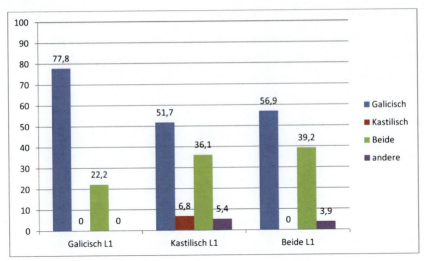

Abbildung 37: Identitätsgefühl nach L1 2013 in %[47]

Mit jeweils über 50 % eines galicischen Identitätsgefühls liegen Kastilisch-Muttersprachler und diejenigen, die zweisprachig aufwuchsen nicht weit darunter. Ausschlaggebend für das hohe Prestige des Galicischen ist aber, dass v.a. Muttersprachler des Kastilischen mit nur 6,8 % angeben, sich als Spanier zu fühlen.

Bei der Untersuchung der Mediennutzung stellte sich heraus, dass egal welche Identität die Befragten angaben, die kastilischen Medien öfter genutzt werden. Innerhalb der galicischen Mediennutzung erzielten diejenigen, mit galicischer Identität die höchsten Werte. Vergleiche mit dem allgemeinen Sprachgebrauch, wie auch mit der Häufigkeit und der verschiedenen Konversationssituationen zeigten eine höhere Verwendung des Galicischen bei galicischer und doppelter Identität. Jedoch wurden im Durchschnitt von den meisten, egal welcher Identität, beide Sprachen und teilweise das Kastilische am häufigsten verwendet.

Bei der Frage nach der Wichtigkeit des Erhalts der galicischen Sprache, halten es diejenigen mit galicischem und doppeltem Identitätsgefühl, im Gegensatz zu denen, mit kastilischer Identität für äußerst wichtig. Die Zukunft des Galicischen mit einem Mittelwert von 2,5 und die Stadt Vigo als galicische Stadt mit 3 wurden von allen fast gleich eingeschätzt.

---

[47] Quelle: erstellt nach eigener Datenerhebung (Berechnung: Filterung der Mittelwerte nach L1, Frage 12).

Frage 16[48] und 17[49] des erstellten Fragebogens ließen die Befragten ihre spontanen Assoziationen mit der galicischen Sprache und der Stadt Vigo beschreiben. Dies sollte dazu dienen, positive und negative Verbindungen mit den jeweiligen Identitätsgefühlen in Verbindung setzten zu können. Dabei stellte sich heraus, dass Befragte mit galicischer und doppelter, im Gegensatz zu denjenigen mit kastilischer Identität v.a. mit der galicischen Sprache eher positive Dinge verbinden. Dies lässt darauf schließen, dass das Identitätsgefühl stark damit in Verbindung steht, mit welchem Blickwinkel man in diesem Fall die Sprache und die Stadt betrachtet. Eine tiefergreifendere Interpretation ist jedoch aufgrund des begrenzten Rahmens dieser Untersuchung und der Vielzahl der Teilnehmer nicht möglich gewesen.

Zusammenfassend lässt sich nun feststellen, dass aufgrund des Zusammenhangs zwischen Identitätsgefühl und dem Prestige einer Sprache, das Galicische ein hohes Prestige besitzt. Dies ist im Verhältnis zu diesem, in der Zeit Francos und auch noch mit Nachwirken auf die Folgegeneration, in der sich viele dafür schämten Galicier zu sein, gestiegen. Daher kann behauptet werden, wenn auch auf interpretativer Basis, dass sich die Teilhypothese eines steigenden Prestiges bestätigt hat. Natürlich sollte dies unter der Tatsache betrachtet werden, dass von einem in Punkt 5.2. beschriebenen, „covert" Prestige die Rede ist und das Kastilische nach wie vor die prestigereichere der beiden Sprachen ist.

---

[48] Su asociación espontánea con la lengua gallega (s. Anhang 1: Fragebogen).
[49] Su asociación espontánea con la ciudad Vigo (s. Anhang 1: Fragebogen).

7 Fazit und Ausblick

Bevor ein Ausblick gegeben wird, sei angemerkt, dass beim Auswerten des Fragebogens kleinere Schwierigkeiten auftraten, da die Analyse von offenen Fragen bei 309 Teilnehmern sehr schwierig war. So wurden diese in positive und negative Bündel zusammengefasst, interpretiert und nur kurz beschrieben.

Abschließend wird nun deutlich, dass sich die aufgestellte Hypothese zum Teil bestätigt hat, andererseits aber auch widerlegt wurde. Der galicische Sprachgebrauch im Allgemeinen stieg entgegen der Erwartungen, dies aber auch unter verzerrenden Faktoren wie der „sozialen Erwünschtheit". Hingegen wird das Galicische v.a. von den Jüngeren, in den Medien und außerhalb der Familie kaum genutzt (vgl. Loureiro Rodríguez 2008: 69). Diese geringe Verwendung durch die jüngeren Generationen könnte dazu führen, dass das Galicische in Zukunft immer mehr die Chance verliert, weiter neben dem Kastilischen bestehen zu können. Außerdem stellt die Tatsache, dass das Galicische nur noch selten als einzige Muttersprache erlernt wird, einen großen Faktor zur Abnahme des galicischen Sprachgebrauchs dar. Denn es wurde dargestellt, wie sich das Erlernen einer Sprache als Muttersprache auf den jeweiligen Sprachgebrauch auswirkt.

Das Prestige der galicischen Sprache ist, mit oben genannten Einschränkungen, relativ hoch einzuschätzen. Doch ohne Vergleichsmöglichkeit, außer der historischen, ist es schwer zu sagen, inwiefern sich dieses verändert hat. Man kann aber davon ausgehen, dass sich die jüngere Generation von dem Stigma des Galicischen als Sprache der Ungebildeten erholt und diese eher als Attribut der eigenen Kultur ansehen (vgl. Bouzada Fernandez 2002: 327). Dies würde allmählich zu einer Art Imagewandel des Galicischen führen. Außerdem beschreibt Luyken (1994: 163), dass Sprachen auch in Bezug auf ihren Status einem Wandel unterworfen sind.

Diese Studie sollte außerdem zeigen, inwiefern sich der Gebrauch des Galicischen auf das Prestige der Sprache auswirkt und ob ein Überleben trotz abnehmender Verwendung möglich ist. Einerseits ist ein Weiterleben im Bilingualismus gegeben, andererseits läuft man damit auch Gefahr, die Wichtigkeit des Galicischen in den Hintergrund zu rücken. Viele der erwähnten Maßnahmen, v.a. im Bereich der Bildung haben bereits gegriffen. Doch scheint es für die Minderheitensprache schwierig, ohne weitere Schritte z.B. der Förderung des Galicischen in den Medien und im öffentlichen Leben nicht allmählich außerhalb der Folklore zu verschwinden.

In Madrid befürchtet man zudem auch Unabhängigkeitsbestrebungen der einzelnen autonomen Gemeinden mit eigenen Regionalsprachen und es wird versucht mit Zentralisierungsbestrebungen diesen in ihren jeweiligen Regionen nicht zu sehr den Vorrang zu lassen. Doch die europäische Union hat den ersten kleinen Schritt mit der eingangs erwähnten Charta zum Schutz von Regional- und Minderheitensprachen schon gemacht. Ohne Unterstützung der Politik wird es für die Minderheitensprachen daher auch schwer, in Zukunft weiter fortzubestehen.

In letzter Zeit fanden an der Universität in Santiago de Compostela sogar mathematische Berechnungen zur Zukunft und dem Überleben des Galicischen statt (s. Abb. 38).

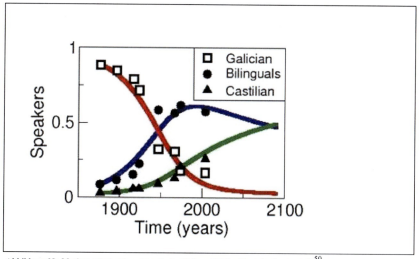

Abbildung 38: Mathematische Berechnung der Universität Santiago de Compostela[50]

Diese Abbildung zeigt ein Weiterleben der galicischen Sprache im Bilingualismus, mit leicht abnehmender Tendenz. Jedoch auch ein Aussterben der monolingualen Galicischsprecher, während die Zahl der kastilischen Muttersprachler stetig zunimmt. Für die Zukunft des Galicischen ist dies einerseits beruhigend, andererseits auch nicht, denn der Bilingualismus könnte sich im Laufe der Zeit zu einer kastilischen Einsprachigkeit entwickeln.

---

[50] Quelle: http://sociedad.elpais.com/sociedad/2011/01/26/actualidad/1295996409_850215.html.

Bibliographie

Albrecht, Sabine (1992): *Standardnorm des Galicischen*, Bonn: Romanistischer Verlag.

Albrecht, Sabine (1993): „Galegisch/Galicisch als Brückensprache zwischen Portugiesisch und Kastilisch." In: *Akten des Deutschen Hispanistentages Göttingen*, Christoph Strosetzki (Hrsg.). Frankfurt am Main: Vervuert, 340-347.

Ayuntamiento de Vigo = Hoxe.vigo.org <http://hoxe.vigo.org/conecenos/historia.php?lang=cas> [Zugriff am 01.05.2013]

Berschin, Helmut (1987): *Die spanische Sprache*, München: hueber.

Beswick, Jaine E (2007): *Regional Nationalism in Spain*, Clevedon: Multilingual Matters Ltd.

Bollée, Annegret/Neumann-Holzschuh, Ingrid (2008): *Spanische Sprachgeschichte*, hg. von Hartwig Kalverkämper. Stuttgart: Klett.

Bossong, Georg (2008): *Die romanischen Sprachen. Eine vergleichende Einführung*, Hamburg: Buske.

Bouzada Fernández, Xan M. (2002): "Change of values and the future of the Galician language." *Estudios de Sociolingüística* 3 (2) & 4 (1): 321-341.

Bröking, Adrian (2002): *Sprachdynamik in Galicien*, Tübingen: Narr.

Carneiro, José (2010): „El motor." In. *Faro de Vigo* 27 de Octubre de 2010 Bicentario, 6.

Dietrich, Wolf/Geckeler, Horst (^{5}2007): *Einführung in die spanische Sprachwissenschaft: Ein Lehr- und Arbeitsbuch*, Berlin: Erich Schmidt Verlag.

Domínguez Seco, Luiza (2003): „Social prestige and linguistic identity. On the ideological conditions behind the standardisation of Galician." *Estudios de Sociolingüística* 3 (2) & 4 (1): 207-228.

Esser, Ursula (1990): *Die Entwicklung des Galizischen zur modernen Kultursprache: eine Fallstudie zur aktuellen Sprachplanung*, Bonn: Romanistischer Verlag.

Fernández Rodríguez, Mauro (2000): "Entre castellano y portugués: La identidad lingüística del gallego." *Lingüística Iberiamericana,* 14: 81-105.

Fraile, Antonio (1995/96): "El nacionalismo gallego y la normalización lingüística." *Studia historica* 13-14: 119-128.

Freitag, Reinhard (1994): *Das Galegoportugiesische in Nordwestspanien*, Hamburg: Verlag Dr. Kovač.

García Vázquez, José Manuel u.a. (2005): "El modelo PSA-Vigo." *Economía industrial* 358, 131-138.

Gerhards, Jürgen (2010): *Mehrsprachigkeit im vereinten Europa: Transnationales sprachliches Kapital als Ressource in einer globalisierten Welt*, Wiesbaden: Verlag für Sozialwissenschaften.

González Pérez, Jesús M./López González, Alejandro (2003): " La dinámica demográfica y el planeamiento urbano en Vigo desde 1960." *Anales de geografía de la Universidad Complutense* 23, 163-185.

Heinze de Lorenzo, Ursula (1990): "Die sogenannten Minderheitensprachen und Minderheitenliteraturen: dargestellt am Beispiel des Galicischen.", In: *Erstes Kolloquium der deutschsprachigen Lusitanistik*, Hermann, Ulfried/Schönberger, Axel (Hrsg.), Frankfurt am Main: Verlag Axel Schönberger: 9-17.

Herrmann, Ulfried (1991). *Das Galicische: Studien zur Geschichte und aktuellen Situation einer der nationalen Sprachen in Spanien*, Frankfurt am Main: Verlag Teo Ferrer de Mesquita & Domus Editora Europaea.

Hermida, Carme (2001): "The galician speech community." In: *Multilingualism in Spain*, M. Teresa Turell (Hrsg.). Clevedon: Multilingual Matters Ltd, 110-140.

IGE = Instituto Galego de Estatística. <http://www.ige.eu/web/index.jsp?paxina=001&idioma=gl> [Zugriff am 09.05.2013]

INE = Instituto Nacional de Estatística. <http://www.ine.es/> [Zugriff am 04.05.2013]

Kabatek, Johannes (1992): „Der Normenstreit in Galicien: Versuch einer Erklärung", in: *Lusorama* 18, 65-83.

Kabatek, Johannes (1996): *Die Sprecher als Linguisten*, Tübingen: Max Niemeyer Verlag.

Kirchhoff, Sabine u.a. (^{5}2010): *Der Fragebogen: Datenbasis, Konstruktion und Auswertung*, Wiesbaden: Verlag für Sozialwissenschaften.

Kühnel, Roland (2008): „Galicien zwischen GALEUSCA und PORTUGALICIA: Anmerkungen zur aktuellen Identitätsdiskussion." *Lusorama*, 73-74: 240-246.

López de Lera, Diego u.a. (2003): " La identitdad de Galicia como tierra de emigración: factor de determinante de la integración de los inmigrantes en Vigo." *Zainak* 24, 997-1014.

Lorenzo Suárez, Anxo M. (2009): "A situación actual da lingua galega: unha ollada desde a sociolingüística e a política lingüística." *Galicia21* 1, 20-39.

Lorenzo Vázquez, Ramón (2003): „Externe Sprachgeschichte des Galicischen." In: *Romanische Sprachgeschichte: Histoire linguistique de la Romania* Gerhard Ernst u.a. (Hrsg.). Band 1, Berlin/New York: de Gruyter, 871-879.

Loureiro Rodríguez, Verónica (2008): „Conflicting values at a conflicting age." In: *Bilingualism and Identity*, Mercedes Niño-Murcia/Jason Rothman (Hrsg.)., Amsterdam: John Benjamins, 63-86.

Luyken, Michaela (1994): *Das Galicische: Eine Fallstudie zur Verschriftungsproblematik romanischer Minderheitensprachen*, Wilhelmsfeld: Egert.

Mariño Paz, Ramón (1998): *Historia da lingua galega*, Santiago de Compostela: Sotelo Blanco.

Masquera, Javier (2010): „Una villa pujante y volcada en el mar." In: *Faro de Vigo* 27 de Octubre de 2010 Bicentario, 3.

Noack, Daniela (2010): „Die aktuelle Sprachsituation in Galicien." *Lusorama* 81-82: 151-175.

Oppenrieder, Wilhelm/Thurmair, Maria (2003): „Sprachidentität im Kontext von Mehrsprachigkeit." In: *Sprachidentiät- Identität durch Sprache*, Nina Janich /Christiane Thim-Mabrey (Hrsg.).: Tübingen: Narr, 39-60.

Piñeiro, Ramón (2009): „ O galeguismo é un ideal." In: Beilage: „Ramón Piñeiro", *A nosa terra,* 1359, Mai 2009: 6-7.

Porst, Rolf (^{3}2011): *Fragebogen: Ein Arbeitsbuch,* Wiesbaden: Verlag für Sozialwissenschaften.

Ramallo, Fernando (2007): „Sociolinguistics of Spanish in Galicia." *International Journal Social Language* 184: 21-36.

Raab-Steiner, Elisabeth/Benesch, Michael (2008): *Der Fragebogen: Von der Forschungsidee zur SPSS-Auswertung,* Wien: Facultas.

Regueira, Xosé Luís (2006): "Política y lengua en Galicia: La "normalización" de la lengua gallega." *Lingüística Iberoamericana* 28: 61-94.

Rodríguqez, Ana (2010): "La ciudad aluvión lidera el desarollo demográfico gallego." In: *Faro de Vigo* 27 de Octubre de 2010 Bicentario, 8-9.

de Santiago y Gómez, Don José (2006): *Historia de Vigo y su comarca,* Valladolid: Maxtor.

Seminario de Sociolingüística da Real Academia Galega (2004): *Lingua inicial e competencia lingüística en Galicia* (*Mapa sociolingüístico de Galicia*, vol. I), A Coruña: Real Academia Galega.

Servicio de normalización lingüística do Concello de Vigo (2002): *Estudio sociolingüístico sobre a situación da lingua galega no Concello de Vigo 2002*, Vigo: Concello de Vigo.

Stocké, Volker (2004): „Entstehungsbedingungen von Antwortverzerrungen durch soziale Erwünschtheit." *Zeitschrift für Soziologie* 4: 303-320.

Vázquez Gil, Lalo (2010): „Un título muy disputado." In: *Faro de Vigo* 27 de Octubre de 2010 Bicentario, 2.

Weltatlas = Welt-Atlas. <http://www.welt-atlas.de/karte_von_galicien_1-262> [Zugriff am 29.05.2013]

Wildgen, Wolfgang (2010): *Die Sprachwissenschaft des 20. Jahrhunderts: Versuch einer Bilanz*, Berlin/New York: de Gruyter.

Anhang

Anhang 1: Fragebogen[51]

El uso del idioma gallego en Vigo

Bienvenido a la encuesta sobre la lengua gallega en Vigo!

Muchas gracias por tomarse el tiempo para completar esta encuesta que requiere sólo unos 5-10 minutos de su tiempo. Sus respuestas serán totalmente confidenciales y anónimas y, por completar la encuesta, podría participar de un sorteo por un bono de *amazon* de 30 €.
Todos los resultados de la encuesta se usarán solo al fin para mi tesina de licenciatura del estudio de la filología románica en la Universidad de Múnich.

La encuesta está abierta hasta el 24 de mayo 2013!
"Moitas grazas" por su colaboración!

(Me gustaría si enviara el enlace a su familia, sus amigos, sus colegas o conocidos de Vigo)

1 Sexo
- mujer
- hombre

2 Edad
- menor de 20
- 20 - 30
- 31 - 45
- 46 - 55
- 56 - 65
- mayor de 65

3 Nivel máximo de estudios
- sin estudios
- Estudios Obligatorios
- Bachillerato/ Otros Estudios Medios
- Formación Profesional I/II
- Estudios Universitarios

4 Profesión actual
- Sector primario (Pesquería etc.)
- Sector secundario (Artesanía, Industría, Construcción, Energía)
- Sector terciario (Comercio, Servicios públicos, Hotelería, Gastronomía, Turismo etc.)
- Estudiante
- Alumno/a
- sin empleo
- Otro: _____

5 Lugar de residencia
- Vigo (centro)
- Periferia (de Vigo)
- otro municipio de Galicia
- Otro: _____

6 Lugar de nacimiento
- Vigo
- otro municipio de Galicia
- Otro: _____

7 ¿En qué lengua aprendió a hablar?
- castellano
- gallego
- ambos
- otro: _____

página 1

---

[51] Quelle: http://www.q-set.de/q-set.php?sCode=QYUEDECVYTHQ.

8 ¿Cómo estima su competencia en

0 = cero
6 = perfecto

	0	1	2	3	4	5	6
entender gallego?							
leer gallego?							
escribir gallego?							
hablar gallego?							

9 ¿Con qué frecuencia

0 = nunca
6 = siempre

	0	1	2	3	4	5	6
escucha programas de radio gallegas?							
ve programas de televisión gallegas?							
lee libros gallegos?							
lee revistas gallegas?							
lee periódicos gallegos?							
escribe gallego?							
habla gallego?							

página 2

10 ¿Con qué frecuencia

0= nunca
6= siempre

	0	1	2	3	4	5	6
escucha programas de radio castellanas?							
ve programas de televisión castellanas?							
lee libros castellanos?							
lee revistas castellanas?							
lee periódicos castellanos?							
escribe castellano?							
habla castellano?							

11 ¿Qué lengua usa/usaba en general cuando habla con

	gallego	más gallego	más castellano	castellano	ambos	otro	no tengo
sus padres?	○	○	○	○	○	○	○
sus abuelos?	○	○	○	○	○	○	○
sus hermanos?	○	○	○	○	○	○	○
sus hijos?	○	○	○	○	○	○	○
sus nietos?	○	○	○	○	○	○	○
sus compañeros de trabajo/ estudios?	○	○	○	○	○	○	○
sus amigos?	○	○	○	○	○	○	○
desconocidos?	○	○	○	○	○	○	○

12 Se considera

○ gallego/a ○ más gallego/a ○ ambos (gallego/a e español/a) ○ más español/a ○ español/a

○ otro/a:

¿Y por qué?
(máximo dos frases)

página 3

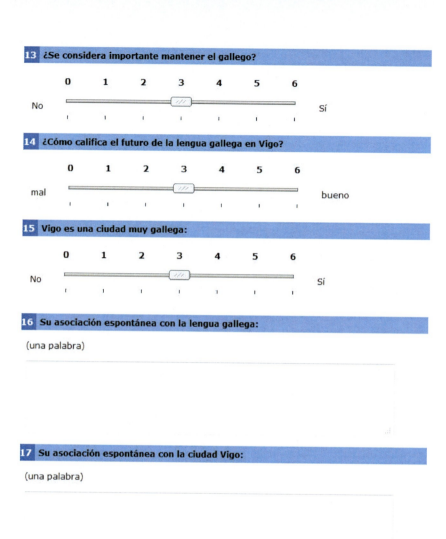

Anhang 2: Zeitungsartikel[52]

Visión alemana sobre el uso del gallego

Una estudiante de Filología Románica en Múnich recopila encuestas para su tesina sobre la realidad lingüística de Vigo ▶ "Veo riesgo de que la lengua propia desaparezca en las ciudades", dice

[52] Quelle: Faro de Vigo 18. April 2013.
http://www.farodevigo.es/gran-vigo/2013/04/18/vision-alemana-gallego/793311.html.

Anhang 3: Häufigkeit des galicischen Sprachgebrauchs nach Wohnort

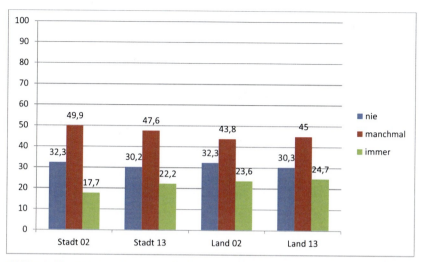

Abbildung 1: Häufigkeit des galicischen Sprachgebrauchs zwischen 2002 und 2013 nach Wohnort in %[53]

Anhang 4: Häufigkeit des galicischen Sprachgebrauchs nach Bildungsniveau

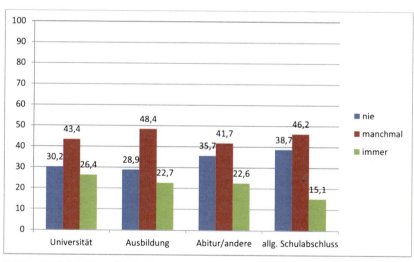

Abbildung 2: Häufigkeit des galicischen Sprachgebrauchs 2013 nach Bildungsniveau in %[54]

---

[53] Quelle: erstellt nach eigener Datenerhebung (Berechnung: Mittelwerte Frage 9 mit 0,1: nie; 2-4: manchmal; 5,6: immer) und CdV-02: 41.

[54] Quelle: erstellt nach eigener Datenerhebung (Berechnung: Mittelwerte Frage 9 mit 0,1: nie; 2-4: manchmal; 5,6: immer).

Anhang 5: Kastilische Mediennutzung nach Alter

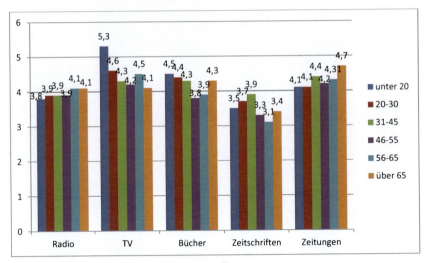

Abbildung 3: Kastilische Mediennutzung 2013 nach Alter[55]

Anhang 6: Kastilische und galicische Mediennutzung nach Wohnort

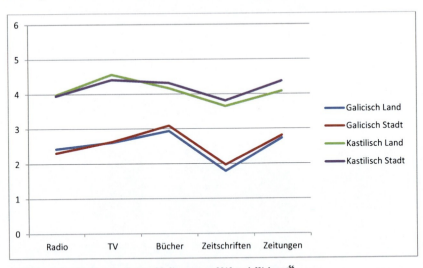

Abbildung 4: Kastilische und galicische Mediennutzung 2013 nach Wohnort[56]

---

[55] Quelle: erstellt nach eigener Datenerhebung (Berechnung: Filterung der Mittelwerte Frage 10, gerundet).
[56] Quelle: erstellt nach eigener Datenerhebung (Berechnung: Filterung der Mittelwerte nach Wohnort Frage 9 und 10(ohne Darstellung der Werte)).

Anhang 7: Kastilische und galicische Mediennutzung nach Bildungsniveau

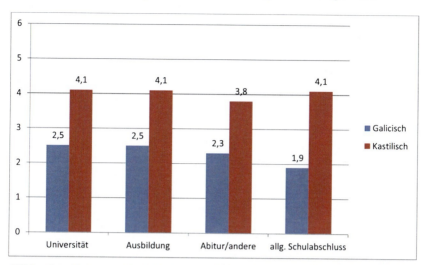

Abbildung 5: Kastilische und galicische Mediennutzung 2013 nach Bildungsniveau[57]

Anhang 8: Sprachgebrauch nach Alter: unter 20

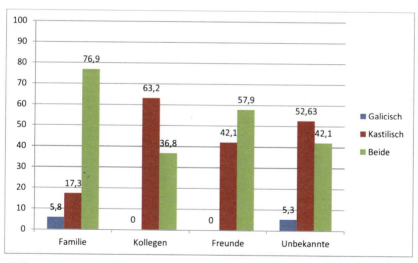

Abbildung 6: Sprachgebrauch in verschiedenen Konversationssituationen 2013 nach unter 20 Jahren in %[58]

---

[57] Quelle: erstellt nach eigener Datenerhebung (Berechnung: Filterung der Mittelwerte nach Bildungsniveau, Frage 9 und 10).
[58] Quelle: erstellt nach eigener Datenerhebung (Berechnung: Filterung der Mittelwerte unter 20, Frage 11 ohne Berücksichtigung anderer Sprachen).

Anhang 9: Sprachgebrauch nach Alter: 20-30

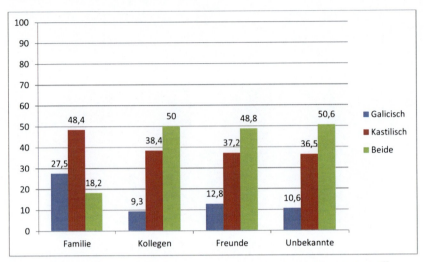

Abbildung 7: Sprachgebrauch in verschiedenen Konversationssituationen 2013 nach 20-30 Jahre in%[59]

Anhang 10: Sprachgebrauch nach Alter: 31-45

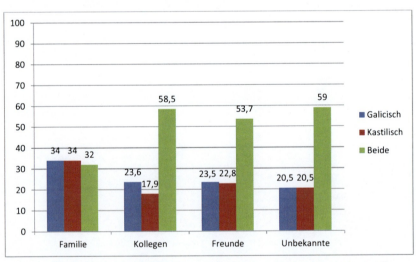

Abbildung 8: Sprachgebrauch in verschiedenen Konversationssituationen 2013 nach 31-45 Jahre in %[60]

---

[59] Quelle: erstellt nach eigener Datenerhebung (Berechnung: Filterung der Mittelwerte 20-30, Frage 11, ohne Berücksichtigung anderer Sprachen).

[60] Quelle: erstellt nach eigener Datenerhebung (Berechnung: Filterung der Mittelwerte 31-45, Frage 11, ohne Berücksichtigung anderer Sprachen).

Anhang 11: Sprachgebrauch nach Alter: 46-55

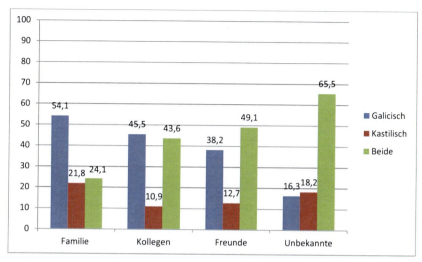

Abbildung 9: Sprachgebrauch in verschiedenen Konversationssituationen 2013 nach 46-55 Jahre in %[61]

Anhang 12: Sprachgebrauch nach Alter: 56-65

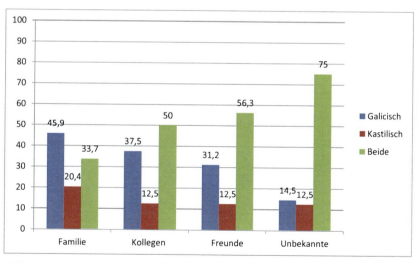

Abbildung 10: Sprachgebrauch in verschiedenen Konversationssituationen 2013 nach 56-65 Jahre in %[62]

---

[61] Quelle: erstellt nach eigener Datenerhebung (Berechnung: Filterung der Mittelwerte 46-55, Frage 11, ohne Berücksichtigung anderer Sprachen).

[62] Quelle: erstellt nach eigener Datenerhebung (Berechnung: Filterung der Mittelwerte 56-65, Frage 11, ohne Berücksichtigung anderer Sprachen).

Anhang 13: Sprachgebrauch nach Alter: über 65

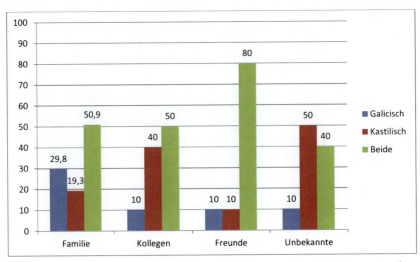

Abbildung 11: Sprachgebrauch in verschiedenen Konversationssituationen 2013 nach über 65 Jahre in %[63]

Anhang 14: Kastilischer Sprachgebrauch nach Alter

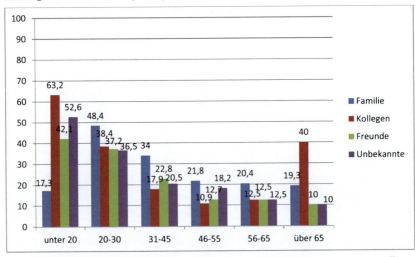

Abbildung 12: Kastilischer Sprachgebrauch in verschiedenen Konversationssituationen 2013 nach Alter[64]

---

[63] Quelle: erstellt nach eigener Datenerhebung (Berechnung: Filterung der Mittelwerte über 65, Frage 11, ohne Berücksichtigung anderer Sprachen).
[64] Quelle: erstellt nach eigener Datenerhebung (Berechnung: Filterung nach Alter und Kastilisch, Frage 11).

Anhang 15: Sprachgebrauch nach Wohnort: Stadt

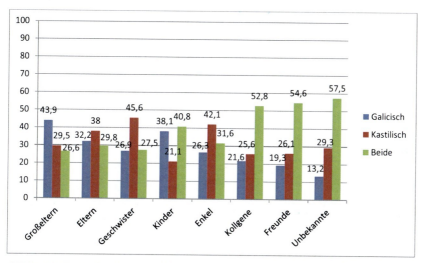

Abbildung 13: Sprachgebrauch in verschiedenen Konversationssituationen 2013 Stadt in %[65]

Anhang 16: Sprachgebrauch nach Wohnort: Land

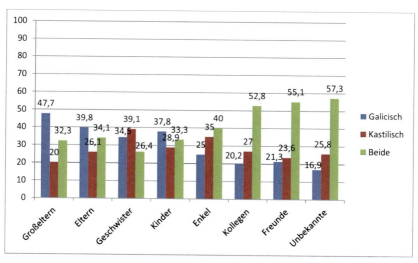

Abbildung 14: Sprachverwendung in verschiedenen Konversationssituationen 2013 Land in %[66]

---

[65] Quelle: erstellt nach eigener Datenerhebung (Berechnung: Filterung der Mittelwerte Stadt, Frage 11, ohne Berücksichtigung anderer Sprachen).
[66] Quelle: erstellt nach eigener Datenerhebung (Berechnung: Filterung der Mittelwerte Land, Frage 11, ohne Berücksichtigung anderer Sprachen).

Anhang 17: Kastilischer Sprachgebrauch nach Bildungsniveau

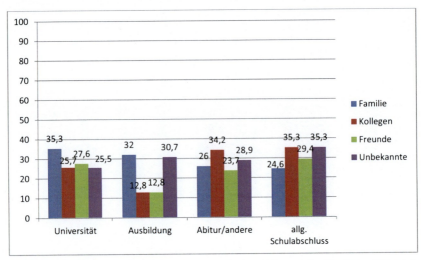

Abbildung 15: Kastilischer Sprachgebrauch in verschiedenen Konversationssituationen 2013 nach Bildungsniveau in %[67]

Anhang 18: Kastilischer Sprachgebrauch nach L1

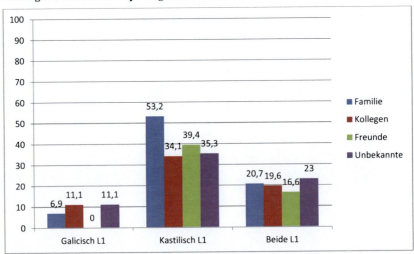

Abbildung 16: Kastilischer Sprachgebrauch in verschiedenen Konversationssituationen 2013 nach L1 in %[68]

---

[67] Quelle: erstellt nach eigener Datenerhebung (Berechnung: Filterung nach Bildungsniveau und Kastilisch, Frage 11).
[68] Quelle: erstellt nach eigener Datenerhebung (Berechnung: Filterung nach L1 und Kastilisch, Frage 11).

Anhang 19: Identitätsgefühl nach Wohnort

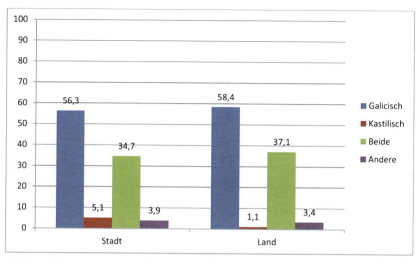

Abbildung 17: Identitätsgefühl nach Wohnort 2013 in %[69]

Anhang 20: Identitätsgefühl nach Bildungsniveau

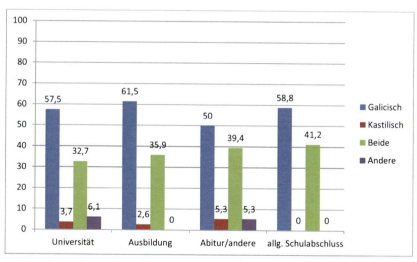

Abbildung 18: Identitätsgefühl nach Bildungsniveau 2013 in %[70]

---

[69] Quelle: erstellt nach eigener Datenerhebung (Berechnung: Filterung der Mittelwerte nach Wohnort, Frage 12).
[70] Quelle: erstellt nach eigener Datenerhebung (Berechnung: Filterung der Mittelwerte nach Bildungsniveau, Frage 12).